小学数学教学
疑难答问

▶▶▶ 凌国伟 / 著

上海教育出版社
SHANGHAI EDUCATIONAL
PUBLISHING HOUSE

preface

序

　　教研员一般都具有比较丰富的教育教学经验，在学校和教师中有比较广泛的影响，他们既要让教育理论扎根，又要使教学实践开花，还要树立典型引领改进教学的方向，培育并推广优秀教学经验和教学成果，促进教师群体的成长，努力提升区域内的学科教学质量。这就要求教研员不仅要有实践的经验、行政的视野，更要有一定的理论修养、研究能力、服务的意识和本领。在如今的新时代，教研员还要规划学科的课程建设，探索教学评价，积极推进区域的学科教学诊断与改进、教学资源的优化，促进课程目标引领下的备、教、学、评一体化。一位教研员，要想有声有色地开展工作，一靠学识，学识产生权威（主要是非权力性权威）；二靠人品，人品形成凝聚力。凌国伟老师无疑是小学数学教研员的杰出代表之一。

　　1973年，凌国伟老师开始从事小学数学教研工作。五十年来，他以发自心灵深处的热爱，不忘初心，牢记责任，毅然放弃从事管理工作、编辑工作和其他工作的机会，坚守在小学数学教研岗位上。在这平淡而又繁忙的

序

1

教学研究工作中，他不断学习、不断探索、不断追问、不断研究，不仅积淀了深厚的理论功底，更是在小学数学教学、教材等领域形成了深刻的思考和研究。凌国伟老师善于营造尊重、共享、善思的教学研究氛围，他组织的教研活动接地气，帮助教师解决了一个个教学中的实际问题；有创见，在省内外有很好的影响，例如，他持续十多年的研究课题"数学学困生的防止和转化"接连由多个省级教学杂志发专栏文章介绍研究成果和经验；有成效，他参与指导的青年教师在省、华东地区、全国优秀青年教师小学数学课堂教学观摩活动中连连获奖。这些，都浸透着他的心血，承载着他的思考，特别是实践基础上的理性思考，反映了他的敬业、求精和创造，体现了他对教师，特别是青年教师的关爱、引领和指导，突出地表现了他对小学数学教研工作的热爱、责任和思考。

《小学数学教师》于2014年开设"问讯处"专栏，主要是解答小学数学教师在备课、研究中涉及的数学本体性知识或者教材理解方面的疑问，在教学中遇到的疑难问题或者困惑，以帮助教师减少甚至杜绝教学中的知识性错误，保证教学内容的科学性，提升学科素养；帮助教师澄清误解，正确处理教学难点，提高教学能力。利用理论观点从较高的视角审视并解答这类难题，不仅需要更加扎实的算术理论基础等知识储备，准确把握数学本质，而且需要根据小学生的年龄特点和认知规律，提供解决问题的方向、办法或途径。无疑，《小学数学教师》编辑部邀请凌国伟老师为"问讯处"专栏的解答专家，就为专栏成为"明星专栏"提供了保证。凌国伟老师四十多年前就主持编写过人民教育出版社出版的五年制小学数学教材（当时全国统一教材）第九册、六年制小学数学教材配套教学参考书第十一册，三十年来参与编写了三套苏教版小学数学教材（后两套为副主编），在《人民教育》《课程·教材·教法》《江苏教育》等数十种刊物发表论文近四百篇，不仅数学知识理论水平高，而且非常熟悉小学数学教材与教学。凌国伟老师没有辜负编辑部的重托和读者的期望，为了准确解答这些小学数学教材、教法方面的"疑难杂症"，他认真、仔细地查阅相关资料，验证答案，有的还与业内专家讨论，使解答既有理论高度，又有实践深度，不仅得到了小学数学教师和研究者的充分肯定与喜爱（有的教师拿到《小学数学教师》后首先翻阅"问讯处"专栏，有的学校作为校本教研的学习和研讨材料），也得到了专家的充分肯定（如 2014 年第 5 期的《对称图形中的图案》被选用在人教版二年级下册数学教材教师教学用书"备课资料"栏目中），给我们很多有益的启示。

今年，上海教育出版社根据读者的需求和教师提高专业化水平的需要，把各期"问讯处"的文章汇编成书，作为小学数学教师学习、进修的参考资料，真是一件好事。凌国伟老师借成书的机会，结合《义务教育数学课程标准（2022 年版）》的面世，将他平时记录的课堂教学中发现的问题、教研活动中教师提出的问题、主持"特级教师工作室""骨干教师高级研修班""特级教师后备人才研修班"中教师研究的一些问题，以及初步形成共识的一些教学主题、教学中应当注意的一些教学关键词，一并整理出来，供小学数学教师和小学数学教学研究者阅读。相信读过之后，一定能使读者找到在教学中遇到的有关教材、教法问题的答案，也一定会在理解教材、理解学生、理解教学方面受到教益。

　　凌国伟老师是我最崇敬的小学数学特级教师之一。四十多年来，有机会与凌国伟老师就小学数学教材、教学一起交流，得益良多。凌国伟老师的人格魅力与渊博学识，是他五十年如一日修炼的结果，而他的这种修炼，特别是爱岗敬业、好学深思，又日复一日地影响着我们。值此凌国伟老师的新作《小学数学教学疑难答问》付梓之际，谨以为序，诚表祝贺，同时愿更多的小学数学教学方面的专著问世，愿更多的小学数学教师和教研员，像凌国伟老师那样，钟爱教育事业，勤奋学习，努力工作，共同提高我国的小学数学教学质量，培育更多优秀人才，在以中国式现代化全面推进中华民族伟大复兴的新征程中作出贡献！

王林

2023年3月

王林，中国教育学会小学数学教学专业委员会学术委员会副主任、江苏省教育学会小学数学专业委员会理事长、苏教版小学数学教材主编。

前言

2013 年 10 月，上海教育出版社《小学数学教师》编辑部蒋徐巍主编来电：杂志将于 2014 年起开设"问讯处"专栏，解答全国各地小学数学教师有关教材、教法方面的困惑和疑问，邀我主持这个栏目，问我是否愿意。当时我正值"第二次"退休（延长了五年），应该有些空余时间。更主要的是我对《小学数学教师》这本杂志有感情，所以一口应承下来。

当年 11 月收到蒋主编转来的"问讯处"第一组十个问题。看了这组问题，我的第一个感觉是：老师们想得到杂志编辑部的指点帮助，释疑解难、进修提升之心十分迫切；第二个感觉是问讯者大多是喜欢"寻根刨底"的教师，看得出每个问题自己都已反复研究思考过，有的问题同事之间已讨论、甚至争议过，只是还没有形成统一的答案而已，特别是经过编辑部的筛选，问题虽具体，回答难度却不小，但好的问题能促进学习和思考；第三个感觉是，每个提问的教师虽工作在一省一市一校，但问题具有普遍性、典型性，回答这些问题不仅能解答这些教师的疑问，对《小学数学教师》其他读者也应有所启发，作为一名小学数学教研工作者，应该也值得作答。

说实话，由于这些问题大多属于小学数学教材、教法方面的"疑难杂症"，编辑部虽然建议我"有话则长，无话则短"，每题的回答控制在 500 字左右就行（稍长的放"教师进修"栏目刊发），但我为了给教师一个正确的、有据可查的、较满意的回音，不管问题大小、难度高低，都认真查阅相关资料（包括《数学辞海》等权威著作）验证答案。至今记得最清的是关于"π 是怎样得来的"一问，我光是收集打印的书面资料就有几十页。遇到实在找不到相关参考资料的问题，自己虽冥思苦想，仍难满意作答，怎么办？好在我长期工作在小学数学教研第一线，有许多朋友，其中包括大学、中学的数学教师，省、市、区教研员和教材编写者，他们都是我的老师。江苏省教研室原小学数学教研员、苏教版小学数学教材主编王林先生，无锡市原教育学院副院长殷显华，无锡高等师范学校殷娴教授，无锡市教科院小学教研室主任黄伟星等是我的"问讯处"。同他们讨论研究后，一般总能得到满意的答案，在此对他们深表谢意，同时对我查阅、参考过的大量资料的作者深表谢意，我们共同为一线数学教师作出了一点贡献，应感欣慰，应有幸福感。

"问讯处"这个专栏从《小学数学教师》2014 年第 1 期起至今仍开设着，得到了读者的关注和欢迎，而且许多教师，特别是负责小学数学教研、进修、培训的教科院和教师发展中心的教师，建议将分散在各期的文章汇编成书，作为小学数学教师进修、发展提高的参考资料。编辑部为了满足读者的需求，希望我着手整理，趁此机会，除了将发表在各期上的一百几十个问题按内容整理外，还将我做教研工作时记录的课堂教学中发现的问题，教研活动中老师们提出的问题，"工作室""特后班"研究过的一些问题，以及已初步形成共识的一些教学主题的教学关键词，一并整理出来，放在书中，供老师们一读。

　　集子的内容大体上按《义务教育数学课程标准（2022 年版）》分设的主题整理，有些内容课标虽已作移改，考虑到其参考价值，仍收进集子。平心说，主观上我虽要求自己作答时认真仔细，力求给每一位老师一个正确、满意的回答，但由于本人水平有限，挂一漏万在所难免，存在可商量可探讨的问题或一些失误在所难免，个别问题从不同角度、在不同阶段分析得到稍有不同的答案也在所难免，更何况新课标、新教材的变化，使得有些问题的答案也起了一些变化。真的，教学没有最好，只有更好。"问讯处"的解答也是如此，仅供参考而已，欢迎广大读者提出修正意见。

目
录

第一部分 > 数与代数

数的认识与运算

数量关系

图形的认识与测量

图形的位置与运动

第三部分　统计与概率

数据分类

数据的收集、整理与表达

随机现象发生的可能性

目
录

第一部分

数与代数

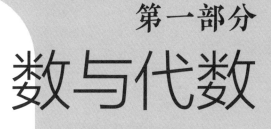

数的认识与运算

 1 怎样上好准备课 >>

> 一年级新生在学习"认识 10 以内的数"之前，除了进行数学课的常规教学外，还要上几节准备课作为启蒙。苏教版小学数学教材安排了"数一数""比一比""分一分""认位置"。为什么在认数之前安排这些教学内容？教学时应注意些什么？

Q

A

《义务教育数学课程标准（2022 年版）》*"课程性质"中的第一句话是"数学是研究数量关系和空间形式的科学"。准备课的内容一是与研究数量关系有关的"数一数 1～10"；二是与研究空间形式有关的"认位置""上下、前后、左右"；三是与研究方法有关的"分一分（分类）""比一比（比较）"。

教学这些内容需要特别注意：

数一数。教学目标与认识 10 以内的数不同。数是数出来的。教学时，要引导学生利用主题图一一对应地进行点数，当然，还应让学生通过点数知道数到几，物体的总数就是几。

比一比。生活中的长短、高矮、轻重、多少都是比较的

---

* 以下简称"课标 2022 年版"。

第一部分 数与代数

结果。观察比较是学习数学的重要方法。比较数量多少的方法是一一对应；比较长短、高矮时要注意一端对齐；比较轻重时要通过观察天平作出判断。还应注意，两种物体一一对应没有多余时，就说这两种物体同样多，这是比多少的前提。语言描述时要说清，谁与谁比，谁多谁少。

分一分。分类有助于人们更好地认识事物，是学习数学的基础。在分类过程中制定标准非常重要，不同标准、不同分类可能会得到不同的结果。先根据事物的不同属性确定标准，再按标准分类是分类的一般要求。教学时，可让学生先按指定标准进行分类，再自己确定分类标准，初步体会分类的意义和作用。

认位置。此内容可根据学生认识空间方位的特点安排教学。上下、前后的认识尽量让学生根据生活经验自己辨认；左右的认识要教师引导，并注意控制难度。一般来说，物体之间的位置具有相对性，为降低教学难度，准备课的认位置一般不涉及相对性，即只以一个"参照点"作为判断位置关系的标准。苏教版教材只要求学生以自己的左右手为标准说明相关情境中的物体，谁在谁的左边，谁在谁的右边。

小学生学数学，其实有一些观念和方法需要在教学中作些启蒙和准备，如数量之间的守恒观念（或不变性）、时空观念、简单的逻辑关系，以及观察、分类、有序、对应、比较等。教师应做到心中有数，这些内容在教材中有的有所体现，有的需要教师结合相关内容作些渗透。

2 教学认识 1~9、0 要注意什么 >>

许多一年级新生已会读写 20 以内的数，并会进行简单的加减计算，但一年级上册数学教材有几个单元仍是学习认数。教学 1~9、0 的认识时应注意什么？

Q

A

认数教学应注意以下几点。

1. 数数应对应。数是数出来的，数数时应注意从点数开始，数与物（图）一一对应。

2. 读写应正确。各个数字的读音要正确、标准。写数时注意笔顺和字形，4、5 两笔写成，其余一笔写成。特别是全部由曲线条组成的四个数字 3、6、8、0，更要注意写正确、写美观。

3. 认数重内涵。认数可用对应的方法讲，如 3 支笔、3 颗算珠，用"3"表示；也可用后继"+ 1"内涵的方法讲，0 添上 1 是 1，1 添上 1 是 2，2 添上 1 是 3，3 添上 1 是 4……这个方法关注了自然数的本质。

4. 注意具体化。在认数的过程中要注意让学生联系实际，自己举例说明数字概念的含义，如认识了"5"，可以让学生举例说说 5 表示什么，提问"5 可以表示什么，5 还可以表示什么"。通过这样的具体化，逐步培养学生的数感。

第
一
部
分

数
与
代
数

3 一年级写数字教学应该注意什么 >>

初学写数字，一年级学生中常会出现笔顺错误、位置错误和笔画错误等情况，例如，把8写成"∞"，把3写成"ε"，把9写成"ρ"，5先写"一"再写"5"。教学时应注意什么？

Q

A

1. 注意字形。有经验的教师在写数时常常让学生先认字形。1像铅笔，2像鸭子，3像耳朵……；1、2、3、6、7、8、9、0一笔写成，4、5两笔写成；1、4、7全部由直线条组成，3、0、6、8全部由曲线条组成，2、5、9由直线条和曲线条组成，其中全部由曲线条组成的最难写。在学习写数之前或写数期间，可以让学生练习画线条，如：＼＼‖＜＞△○○□，对写好数字有帮助。

2. 注意教学步骤。写数教学的一般步骤是：（1）观察手写体字形，注意和印刷体字形的区别；（2）看教师示范写；（3）讲笔顺，特别要讲清起笔、停笔在田字格中的位置以及拐弯、转折的方向；（4）描虚线字形写；（5）独立写。

3. 写数教学在数数、认数、读数、计数的教学中都应注意。

小学数学教学 疑难答问

6

4 填  可以吗 >>

在进行 10 以内数的组成和分解练习时,有学生给出如下答案,可以吗?

如果题目的提示仅是"填空",应该是可以的。因为题目的要求仅是满足两数和为 5 即可,而题中所有答案均符合这个要求,所以应该是可以的。

如果题目的提示是"写出 5 的组成",那么题中就不妥了。因为所谓数的组成是指这个数里含有多少个自然数的单位,0 不是自然数的计数单位,所以可以说 1 和 4、4 和 1、2 和 3、3 和 2 组成 5,但不应说 5 和 0 或 0 和 5 组成 5。事实上,中也没有分解和组成。

由于自然数的组成和分解这个知识点,一般用来为加减法教学作准备,因此即便教材中出现一个数加上 0 的算式,如 3 + 0 = 3,教学中也不应用数的组成知识来讲,而应结合实例让学生理解算式的含义和结果。

第一部分 数与代数

7

苏教版《数学》一年级上册第72
页"想想做做"第1题出现如右题目：

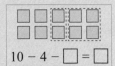

这是教材第一次以题目的形
式出现虚线框，学生提出疑问：为什么虚线框表示"去
掉"？教师该怎么解释？

在计算问题中，以虚线首尾连接组成边框，常用来表示
从一个整体里去掉一部分，求还剩多少（用减法）。例如，苏
教版《数学》一年级下册第50页，解决"$45 - 30 = \Box$（   ）"
时，呈现小棒、计数器，并采用虚线框表示减掉的部分。

从教材和教师教学用书中可知，本题要"让学生说说图
意"，再根据图意填写算式。由于图中的虚线框是第一次出
现，因此教师要明确告诉学生它表示"去掉"的意思。

在小学低年级数学教学中，各版本教材教法约定俗成用
虚线框表示"去掉"的意思。教学时可像教学其他数学符号
一样，直接告诉学生它的作用即可。当然，教学时可结合班
级学生的具体情况，创设情境，结合实例，通过操作演示使
学生加深对虚线框所表示含义的理解。

6 **"又来了 2 个小朋友"中的"2"读作"èr"还是 "liǎng" >>**

> 苏教版《数学》一年级上册第 44 页加减法第一道例题的情境是"原来有 3 个小朋友在浇花，又来了 2 个小朋友，合起来有几个小朋友"，这里的"又来了 2 个小朋友"中的"2"读作"èr"还是"liǎng"？

　　一般而言，当"2"表示事物数量的多少，也就是表示基数时，读作"liǎng"，如 2 个人、2 支笔；当"2"表示事物次序，也就是表示序数时，读作"èr"，如小明排在第 2，小星获得第 2 名。这里的"又来了 2 个小朋友"中的"2"显然表示基数，所以应读作"liǎng"。但算式 3 + 2 = 5 中的"2"应看作数字，应读作"èr"，因为数字"2"不管在整数还是在小数、分数中，都读作"èr"。

7 安排认识 11～20 各数这个单元教学有必要吗 >>

认数，传统教材一般这样安排：认识 10 以内的数→认识 11～20 各数→认识百以内的数→认识千以内的数→认识万以内的数→认识多位数。照理，按序只需安排认识 10、100、1000、10000 以内的数，再认识多位数即可，为什么要在认识 10 和 100 之间安排认识 11～20 各数呢？有这个必要吗？

Q

A

有必要。我们知道，认数除了认识 0～9 这十个数字外，十进位值制计数法是小学数学的基础和核心，是理解自然数、小数的概念及其运算算理和算法的依据。而十进位值制计数法的启蒙教学是 10 的认识、11～20 各数的认识。在这两块内容的教学中，除了让学生体会从数量到数的抽象过程，体会用一个数字符号表示同样的数量，认识 10 和 11～20 各数的读写、大小、组成、计算等知识外，还应设计学生熟悉的生活情境，让学生联系实际，通过观察、操作、比较、思考充分感知：9 添上 1 是 10；10 个一是 1 个十；1 个十和几个一合起来是十几；右边第一位是个位，计数单位是一，第二位是十位，计数单位是十。此外，还应让学生初步感悟和理解数位的含义，感悟不同数位上的数表示不同的值。例如，1 在个位上表示 1 个一，在十位上表示 1 个十；2 在个位上表示 2 个一，在十位上表示 2 个十。通过计数器演示让学生知道，哪一位满十就要向前一位进1。例如，个位上的9添上1满十，要向前一位（十位）进一，在计数器上，这一过程可表示如下：

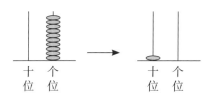

当然，在教学中还可渗透自然数的基本性质。（1）有始，自然数是从0开始一个一个累加起来的；（2）有序，自然数从0开始，通过后继＋1，得到一个一个新的自然数，即0加1得1，1加1得2，2加1得3……；（3）无终，没有最大的自然数。从而逐步培养学生的数感。

有关这些知识的启蒙教学，都应在10和11～20各数的认识中作为基础的核心知识予以落实，让学生充分感悟，从而为认数教学打下坚实的基础。🅰

如何在一年级教学规律的含义 >>

一般来说，一组事物依次不断重复排列（至少重复出现3次），就可以称为有规律地排列。一年级学生初次接触找规律问题，教师该怎样向学生解释规律的含义？

Q

A

"探索简单情境下的变化规律"是《义务教育数学课程标准（2011年版）》*规定的第一学段的教学内容之一。"规律"在词典中的解释一般为事物之间内在的必然的联系。这种联系不断重复出现，在一定条件下经常起作用，并且决定着事物必然向着某种趋向发展。从数学的角度看规律，确可解读为：一组事物依次不断重复出现，就可以称为有规律地排列。

要让第一学段的学生理解规律的含义，从"课标2011年版"第77、78页例9和例10中可以看出，教师应做到以下几点。1.结合实例。可先让学生观察由直观的图形、字母、数字等组成的规律，让学生初步理解怎样排列称为有规律地排列。2.由易到难。先引导学生从简单的容易发现的规律实例开始，逐步接触一些稍复杂的习题，在练习中逐渐加深对规律含义的理解。3.以趣引路。激发学生探索规律的兴趣，调动他们探索规律的积极性和主动性。

其实，真正理解规律的含义离不开学生年龄和知识的不断增长，离不开探索规律的实践，离不开教师对学生探索规

* 以下简称"课标2011年版"。

律能力培养的重视。"问题是数学的核心,规律是数学的灵魂",从某种意义上说,这句话有十分深刻的道理。数学是培养学生探索规律能力的最主要的手段,培养学生探索规律的能力应从低年级开始,且要以趣引路。教学时,教师要善于引导学生探索、发现、描述规律,让学生逐步养成探索规律的习惯。当然,科学地训练学生探索规律的能力是有效的途径,训练要注意结合教学内容,题型多样、循序渐进,并注意经常性。❹

9 怎样给出正确的评价 >>

一年级有这样一道题：36 十位上的 3 表示（　　）。有学生填"10 个 3"。

又如，学习分数时，有这类题目：把 40 个桃平均分给 5 个小朋友，每个小朋友分得这些桃的几分之几？有学生回答"$\frac{8}{40}$"。

面对这样的回答，教师该给出怎样的评价？

A

36 十位上的 3 表示（　　）。可以回答：36 十位上的 3 表示 3 个十，回答表示"10 个三"或"30 个一"也不能算错。又如，236 百位上的 2 表示（　　）。可以回答：236 百位上的 2 表示 2 个百，回答表示"20 个十""200 个一"也不能算错。当然，如果问题改为 36 十位上的 3 表示（　　）个十，答案就应该是（3）个十。

把 40 个桃平均分给 5 个小朋友，每个小朋友分得这些桃的几分之几？有学生回答"$\frac{8}{40}$"。虽然 $\frac{8}{40} = \frac{1}{5}$，但是从学生的回答中我们可以看出，学生对分数的认识是不到位的。教师可结合实例、学生的已有知识和生活经验，由易到难，通过直观操作让学生理解：把一些物体作为一个整体平均分成几份，这样的一份就是这些物体的几分之一，可以用 $\frac{1}{(\quad)}$ 来表示。

10 大数的读法 >>

2500008200 读作二十五亿零八千二百还是二十五亿八千二百?

A

史宁中教授在《人民教育》2012 年第 7 期发表的《注重"过程"中的教育〈义务教育数学课程标准〉修订的若干思考》一文中,就读数教学举过一个具体的例子:"2350,这个 2 在千位,你就读 2 千,百位上是 3,你就读 3 百,十位上是 5,就读 5 十,个位上是 0,就读 0 个。连起来,就读 2 千 3 百 5 十 0 个。2002 就读 2 千 0 百 0 十 2 个。不错。你要嫌麻烦就读 2 千零 2,不嫌麻烦就读 2 千 0 百 0 十 2 个,没有错。"史教授举的这个实例提醒我们,讲课千万别反复讲,要抓住数学的本质,旁枝末节上要求多了,学生就抓不住本质了。

2500008200 这个数根据史教授的上述观点,读作二十五亿零八千二百没有错,读作二十五亿八千二百也没有错。当然,一般而言,读数应根据我国十进制数的读数法则来读。

1. 读万以内的数,从高位起,按照数位顺序一位一位地读,千位上是几就读几千,百位上是几就读几百,十位上是几就读几十,个位上是几就读几;中间有一个 0 或两个 0,只读一个"零";末尾不管有几个 0,都不读。

2. 读万以上的数,从高位到低位一级一级地读,读亿级、万级时,按照个级的读法去读,只要在后面加上"亿"字或"万"字就可以了。一个数中间有一个 0 或者连续有几个 0,都只读一个"零",但每级末尾的 0 不读出来。

11 数级的计数单位问题 >>

教学人教版《数学》四年级上册"亿以内数的认识"后，练习册中出现了这样一道判断题：万级的计数单位是万，亿级的计数单位是亿。老师们对此观点不一，争议很大。

观点一：应该判断为"对"。

理由：因为万位上是几，就表示几个万，所以万级的计数单位是万；亿级同理。

观点二：应该判断为"错"。

理由1：计数单位是针对某一个数位的，而数级包含不止一个数位。所以，万级的计数单位有万、十万、百万、千万；亿级的计数单位有亿、十亿、百亿、千亿。

理由2：没有关于"数级有计数单位"的说法。

观点三：只要学生能给出合理解释即可。

理由：出题者的意图是帮助学生理解"万位上是几，就表示几个万"。

一道题，三种观点，孰对、孰错？教师该如何处理？

我们知道，在十进制中，整数的数位有个位、十位、百位、千位、万位……它们对应的计数单位分别是一（个）、十、百、千、万……最小的计数单位是一，没有最大的计数单位；相邻两个计数单位之间的进率是十。数级，即数的分级，按照我国的习惯，为了方便读数、写数，在整数数位顺序表中，从右到左每四位分一级，个位、十位、百位、千位组成个级，表示的是多少个一；万位、十万位、百万位、千万位组成万级，表示的是多少个万；亿位、十亿位、百亿位、千亿位组成亿级，表示的是多少个亿。由此可知，老师们给出的理由"计数单位是针对某一数位的""万位上是几，就表示几个万"是正确的。引起争议的原因在于这道判断题用词不够准确，如果改为"万级表示多少个万，亿级表示多少个亿"，或改为"万级的计数单位有万、十万、百万、千万，亿级的计数单位有亿、十亿、百亿、千亿"，就不会引起争议了。⛰

近似数、近似值意义相同吗 >>

小学生在学习小数乘法、除法时，会涉及精确数、近似数等概念，会碰到：将一个数改写成用"万"或"亿"作单位的数；求积或商的近似值；求一个数精确到十分位或百分位……的近似数；得数保留一位或两位……小数等练习题。近似数、近似值意义相同吗？

Q

A

教学这部分内容前，教师自己可以先复习一下"准确数"和"近似数"，"不足近似值"和"过剩近似值"，"误差""绝对误差"和"相对误差"，"有效数字"和"可靠数字"等概念，科学记数法，截取近似数所用的"去尾法""进一法"和"四舍五入法"等有关知识。

一个数能确切地表示一个量的真正值（准确值），这个数叫准确数（精确数）。近似地表示某个量的准确数的数叫作近似数。接近于准确值的数值叫作近似值。近似值与近似数意义基本相同，仅是习惯上称求积（商）的近似数为求积（商）的近似值。

准确数 A 与近似数 a 的差 $A - a$ 叫作这个近似数的误差，误差的绝对值 $|A - a|$ 叫作这个近似数的绝对误差，近似数的绝对误差除以准确数所得的商叫作这个近似数的相对误差。

……

教学中需要注意：

1. 改写，传统教材约定俗成：改写得到的数仅是计数单位不同，大小和原数相等，所以用"＝"连接。例如，把 384400 改写成用"万"作单位的数是：384400 = 38.44 万。现行教材没有这个约定。其实，从字面上理解"改写"，它既可用于"不改变数的大小"的改写，也可用于"改写成近似数"中。

2. 精确到十分位就是保留一位小数，得到的是近似数，所以用"≈"连接。例如，1.49 亿千米 ≈ 1.5 亿千米。

3. 除题目明确要求外，求近似数一般要根据实际问题的具体情况决定采用"四舍五入法""去尾法"还是"进一法"。但应知，一般用"四舍五入法"截取的近似值误差小，用"去尾法"或"进一法"的误差比用"四舍五入法"稍大。

4. 在截取一个数的近似值时，不能连续用几次"四舍五入法"。例如，将 124600 四舍五入到万位，正确的方法是 124600 ≈ 120000，不能这样做：124600 ≈ 125000 ≈ 130000。

5. 近似数相加或相减时，先把小数位数较多的近似数四舍五入，使它比小数位数最少的近似数多一位小数，然后按照整数或小数加减法的计算法则进行计算，再把计算结果中多保留的那一位数字四舍五入。例如，52.5 + 0.1824 − 27.635 ≈ 52.5 + 0.18 − 27.64 = 25.04 ≈ 25.0。

6. 近似数相乘或相除时，先把有效数字较多的近似数四舍五入，使它比有效数字较少的近似数多保留一个有效数字，然后按整数或小数乘除法的计算法则进行计算，再使计算结果中有效数字的个数和原来有效数字较少的那个近似数中有效数字的个数相同。例如，2.1521 × 4.23 ≈ 2.152 × 4.23 = 9.10296 ≈ 9.10。

"下面是世界上陆地面积最大的四个国家,把它们的面积数改写成以'万'为单位的近似数。"(人教版《数学》六年级下册"整理与复习"中的一题)之前的改写都是不改变数的大小,只改变数的单位,与数的省略不同。这里的"改写"到底该怎么理解?怎么处理类似的问题?

Q

教材中首次出现"改写"时,都是"将整万数(整亿数)改写成用'万'('亿')作单位的数",而对非整万数(整亿数)的改写练习中,往往因题目"大约是多少万""写出近似数"等表述中没有"改写"二字而被忽略。于是,就有教师形成了"改写不改变数的大小,只改变数的单位,与数的省略不同"这一误解。仔细研读教材就会发现,在后续的教材内容中关于改写的形式和要求是比较多样的。例如,人教版《数学》四年级上册第22页"亿以内数的写法"中第3题,"把下面各数改写成用'亿'作单位的数。1276270000 ≈ _____亿",并旁注:不是整亿数的用"四舍五入法"省略亿位后面的尾数。又如,人教版《数学》四年级下册第74页"小数的性质与意义"中"做一做"第2题,"把34528600000改写成用'亿'作单位的数(保留两位小数)"。

可见,教材没有强调"改写不改变数的大小,只改变数的单位"。"改写"一词既可用在改写成以"万"或"亿"为单位的数,也可用在省略尾数改写成近似数的题目中。其实,处理这类题目的关键是看清要求,不要仅根据题目中是否有"改写"或"省略"来判断改写的结果是精确数还是近似数。

认数教学应注意哪些关键词 >>

小学生的数学学习从认数、认形开始。认数教学中，教师最应注意哪些问题？记住哪些关键词？

Q

1. 抽象——认数教学的灵魂。数是一种符号表达，是对"数量"的抽象，数量的本质是多少，数的本质是大小。在认数教学过程中要重视抽象过程，教师要联系实际，创设情境，提出合适的问题让学生经历从具体物体或图形，到半具体半抽象的算珠或方块图，再到抽象的数的过程。注意：这个过程虽是认数的主要过程，但还并不是完整的过程，还应注意让学生将抽象得到的数"具体化"，即让他们用自己所理解的语言举实例表达数，这个数表示什么，可以表示什么，还可以表示什么，进而体会可以用一个数字表示同样的数量。整个过程应该是认数教学的灵魂。

2. 要素——认数教学的关键。认数教学的内容应该包括数的含义（意义）、读法、写法、组成、分解、大小比较和数的性质等，但要素主要有两个：一个是 0 到 9 十个数字符号，另一个是十进位值制。十进位值制计数法是小学数学的基础和核心，是认数教学的关键。教师应抓住 0 ~ 9 的认识，10 的认识，十几的认识和两、三位数的认识，小数、分数的初步认识等几个关键期，通过观察、操作、比较，利用计数器、算盘、数位表和数线（数轴）等工具让学生逐步感悟数，真正认识数。

3. 沟通——认数教学的要求。小学阶段的认数所涉及的主要是整数、小数和分数，涉及的核心概念主要有计数单位、数位、十进位值制等。不同数域的共同本质是对数量的抽象，以及对计数单位多少的表达。整数是这样，将"1"这个单位不断地累加；小数是这样，将"1"这个单位不断地细分；分数是这样，是分数单位多少的表达。抓住本质，从认识角度沟通它们的关联，应是认数教学的要求之一。🔩

15 数学教学要培养学生哪些好习惯 >>

播种行为，收获习惯；播种习惯，收获性格；播种性格，收获命运。教师、家长都知道，小学里一定要重视培养学生良好的学习习惯。从小学数学教学的角度看，应该培养学生哪些良好的学习习惯呢？

良好的学习习惯是学习取得成功的一个重要保证。小学阶段，通过数学教学应该培养学生下列良好的学习习惯。

1. 规范书写的习惯。首先，书写要正确。从一年级学习写数字起，就应该让学生照着课本上的手写体字样写正确，注意纠正不正确的字样和笔顺。其次，书写要整洁。一要字形一致，小学生写阿拉伯数字应以手写体为主，美术体和记账体都不宜提倡；二要大小相等，字体参差不齐有碍整洁，还要注意写错即改，改先擦净。第三，格式要规范。一般应同教材上例题的格式一致，教师要讲清格式要求，并注意督促和检查。

2. 认真读题的习惯。读题是解题的第一步，读题的目的是了解题意。通过读题，一要弄清题目讲的是什么，二要弄清哪些是条件，问题是什么。读题时，要做到注意力集中，速度适中，不漏句、不跳词、不读破句。还可以培养学生边读边画的习惯，如给题目中的关键句、关键词画线，画切合题意的线段图或示意图以便分析数量关系。读题还应以默读为主，防止互相干扰，关键的句子可反复读几遍。

第一部分 数与代数

23

3. 仔细计算的习惯。计算除了理解算理、掌握算法外，从一年级起，教师就应该着力培养学生仔细计算的习惯，要让学生知道仔细计算的重要性，要教给学生仔细计算的方法。例如，抄题时勿抄错数字和符号，计算时做到进位不漏，退位不忘，以准为主，先准后快；能简算的要简算，能口算的要口算，一步一回头，步步可检验。还要特别注意一些特殊数的运算，如含有 0、1 的运算，同数加、减、乘、除的运算，以及一些可利用运算定律、性质进行的简便运算。这些运算貌似容易但极易产生错误，要特别注意仔细。

4. 独立作业的习惯。作业独立完成，既有利于学生掌握基础知识，养成刻苦钻研、勤奋踏实的学风，又有利于教师了解真实的教学效果。为此，必须杜绝抄袭作业。抄袭作业往往从对得数开始，所以除了必要的对得数外，一般不宜提倡学生之间互相对算式或对得数。对估计完不成作业的学生要及时加以个别辅导，辅导时要弄明原因，查漏补缺。要树立独立作业光荣的班风校纪。

5. 多思好问的习惯。在听课中我们经常看到这种情况，教师问学生："听懂了吗？还有没有问题？"学生一般都点点头，敢于提问的学生实属罕见。究其原因，一是教师对学生提问不重视，没有经常鼓励学生大胆提问；二是学生思考不够，少思必少问。所以，教师应该注意培养学生好问的习惯，要鼓励学生不懂就问，而且要有一种"打破砂锅问到底"的勇气；知道不懂装懂、似懂非懂的危害，遇到不懂的问题先独立思考，经过思考仍然不懂再问，问懂为止，这样才能牢固掌握知识。学生有了多思好问的习惯，才能学懂学好知识，提高数学能力和素养。

6. 自觉检验的习惯。我曾在一个班做过检验的专项调查，第一次不明确要求学生检验，正确率为 67%；在不批改、不讲解、不讨论的情况下，把调查题重新发给学生，要求其进行检验，正确率提高到 82%；第三次再把调查题发下去，要求再作一次检验，正确率提高到 90%。由此可见检验之重要。然而，学生中有自觉检验习惯的为数不多，这主要是教师平时重视不够，学生未尝到检验的甜头，也没有真正掌握检验方法的缘故。所以，教师要结合实例讲明检验的重要性，在此基础上，还要经常督促学生进行检验，让其知道检查主要查什么、怎样查（查题目，如数据、符号是否抄对，列式是否符合题意，单位、答语有没有写正确），验算主要做什么，怎样验（主要检验计算是否正确，要掌握常用的验算方法），并逐步学会根据题目的具体情况，灵活地检验结果。

　　上面谈到的一些习惯不是孤立存在的，而是互相联系渗透的。除了这些主要的学习习惯外，教师还可根据班级学生的具体情况，多方面、分层次地培养学生良好的习惯，如上课专心听讲的习惯，解题完整的习惯，做好后再想一想的习惯等。随着学生年级的升高，教师还应特别注意培养学生独立思考、合作探究等良好习惯。有意识地培养，经常性地训练，循循善诱，严格要求，持之以恒，这是良好习惯养成的必由之路。

"倍"的困惑 >>

在解决"一个数是另一个数的几倍"的问题时,有学生认为,如果在算出得数后将"倍"作为单位书写,更能清楚地反映数量间的关系。遇到这种情况该怎么处理?"倍"究竟为什么不需要当作单位名称来书写?

Q

A

单位名称即计量事物的标准量的名称。在解决实际问题时,得数后面一般要写上单位名称。例如,5千克的"千克",18厘米的"厘米",都是计量单位的名称,前者是重量(质量)单位的名称,后者是长度单位的名称。一个数只有带上计量单位的名称,才能准确地表示出一个事物的多少、大小、长短、轻重、快慢等。"倍"不是计量单位的名称,它本质上建立在乘法概念的基础上,表示的是两个数量之间的一种关系。例如,"蓝花有2朵,黄花有6朵。黄花的朵数是蓝花的几倍"这一问题,6÷2 = 3,"3"的后面不要写"倍",因为计算结果"3"表示的是黄花和蓝花朵数之间的关系,即蓝花有2朵,黄花有6朵,6朵里面有3个2朵,6朵黄花是2朵蓝花的3倍。"倍"不是计量单位的名称,当然不需要当作单位名称来书写。在算式里不写"倍",以免"倍"与计量单位的名称发生混淆。

17 怎样理解"扩大1倍" >>

"一个数扩大1倍"应怎样理解？它与"一个数扩大为原来的1倍"是一回事吗？

"扩大"和"缩小"这两个在数学中使用的词是由教学语言逐步形成的数学语言，有时表达上的不规范会使理解上产生一些歧义（如你所问），进而给教学造成一定的困扰。为了避免歧义，应保证数学语言的准确性。

在叙述中，现行教材已尽可能将"扩大"改为"乘"，将"缩小"改为"除以"。例如，商不变性质，老教材中是这样叙述的：如果被除数和除数同时扩大（或缩小）相同的倍数，商不变。而现行教材已改为：被除数和除数同时乘或除以一个相同的数（0除外），商不变。（苏教版《数学》四年级上册第23页）

第一部分 数与代数

27

倍和倍数的区别 >>

学生在三年级学习"倍",在第二学段学习"倍数"。请问:二者的联系和区别是什么?另外,倍和倍数总是同时存在吗?例如,30是6的5倍,30也是6的倍数。

Q

A

"倍"表示两个数量之间的一种关系,它建立在乘法概念的基础上。例如,小鸡有8只,小鸭有2个8只,我们就说小鸭的只数是小鸡的2倍。倍也可以理解为"照原数相加",求某数的几倍是多少时,就可以用"几"乘某数。例如,求25的4倍是多少,计算时就用4去乘25。

"倍数"是指数与数之间的联系,它建立在整除概念的基础上。如果整数 a(一般 $a \neq 0$)能被整数 b($b \neq 0$)整除,那么 a 就叫作 b 的倍数。例如,因为24能被8整除,所以24是8的倍数。

"倍"和"倍数"虽然都是由乘法算式引申出来的概念,但前者是有理数集或实数集上的乘法,后者是整数集上的乘法。例如,$10 = 1.25 \times 8$,我们可以说10是8的1.25倍,也可以说10是1.25的8倍,但不能说10是8的倍数或10是1.25的倍数。🔺

19　最小的偶数 >>

教材里对偶数的定义是："像 2、4、6、8……这样的数，是 2 的倍数，也叫偶数。"这是否意味着小学数学中认为最小的偶数就是 2?

Q

　　小学里奇数、偶数这两个概念，原来在"数的整除"这个单元内容里教学，现在放在"因数与倍数"这个单元中讲；而且，教材用脚注作了说明：为了研究的方便，所说的数一般指不为 0 的自然数。

　　自然数中，是 2 的倍数的数叫作偶数（0 也是偶数），不是 2 的倍数的数叫作奇数。（人教版《数学》五年级下册第 17 页）

　　是 2 的倍数的数叫作偶数，不是 2 的倍数的数叫作奇数。（苏教版《数学》五年级下册第 33 页）

　　一个正整数，如果能被 2 整除，这个数叫作偶数；如果不能被 2 整除，这个数叫作奇数。（浙教版《数学》四年级下册第 12 页）

　　上述概念其实并不意味着最小的偶数是 2 或是 0。因为在整数范围内，偶数是这样定义的：整数中，凡是能被 2 整除的数叫作偶数，整数是正整数、0、负整数的泛称。所以，偶数有正偶数、0、负偶数，既无最大的偶数，也无最小的偶数。0 是偶数，但不是最小的偶数。

第一部分　数与代数

29

"乘法就是求几个相同加数的和",可以这样说吗 >>

在教学"乘法的初步认识"时,一些教师脱口而出"乘法就是求几个相同加数的和"。可以这样说吗?

可以说"求几个相同加数的和可以用乘法计算",但不能说"乘法就是求几个相同加数的和"。例如,3×2可以说成是求2个3的和是多少,5×3可以说成是求3个5的和是多少,但是3×1、5×0虽然也是乘法算式,但不能说这两个乘法算式也是求几个相同加数的和。所以,把乘法说成就是求几个相同加数的和是不严谨的。我们知道,整数乘法的定义是:b个相同加数a的和c,叫作a与b的积,就是$\underbrace{a+a+a+\cdots+a=c}_{b个}$,求两个数的积的运算叫作乘法,记作"$a\times b=c$",读作"$a$乘$b$等于$c$"。但在这个定义中,数$a$可以是任何数,而数$b$最小应该是2,不包括0和1这两种情况,因此对乘法还须给出补充定义,即当乘数是1时,$a\times 1=a$;当乘数是0时,$a\times 0=0$。当然,对二年级的小学生而言不能讲乘法的定义和补充定义,但要按教材的讲法说明乘法的含义,即先结合实例认识"几个几相加",再告诉学生"几个几相加还可以用乘法计算"。在学生充分感知的基础上,再归纳出"求几个相同加数的和,用乘法计算比较简便",并结合实例让学生知道,"当一个乘数是1,积就等于另一个乘数""0和任何数相乘,积等于0"。

21 要不要讲"相同加数"和"相同加数的个数" >>

现行教材中,"乘法的初步认识"从同数连加导出乘法算式,两个乘法算式一般是同时出现的。例如,先出示加法算式 $2 + 2 + 2 + 2 = 8$,指出 4 个 2 相加,还可以用乘法算式表示成 $2×4 = 8$ 或 $4×2 = 8$;接着介绍乘法算式各部分的名称和读法。要不要讲"相同加数"和"相同加数的个数"?

Q

的确,现行教材中,两个乘法算式一般是在同一例中一起出现的。主要原因是考虑到学生年龄小,区分"相同加数"和"相同加数的个数"有一定的难度,列式正确率低,像上例 4 个 2 相加,按语序写成 $4×2$ 错误率低,且不影响结果。当然,有的教师不同意这样做,认为整数乘法的定义是"一般地,b 个相同加数 a 的和,叫作 a 与 b 的积,记作 $a×b = c$",求积的运算叫作乘法,a 是相同加数,b 是相同加数的个数,如果不区分"相同加数"与"相同加数的个数",那么连加算式与乘法算式的一一对应就不存在了,后面讲乘法交换律也变得多此一举了,而且这样讲会给解决实际问题增加理解数量关系上的困难。所以,有教师在教学"乘法的初步认识"时,先让学生认识相同数连加,如 $2 + 2 + 2 + 2 = 8$,4 个 2 连加等于 8;接着指出几个几连加可以用乘法计算,如 4 个 2 连加,可以用乘法计算,写成 $2×4 = 8$,其中 2 是相同加数,4 是相同加数的个数;再介绍乘法算式各部分的名称和

第一部分 数与代数

31

读法。在此基础上借助例题，让学生结合图示 △ △ △ △ / △ △ △ △

直观理解 4 个 2（即 2×4）和 2 个 4（即 4×2）仅是横着数和竖着数的区别，仅是数的方法不同而已，但结果相同（当然，结果相同不等于意义相同），今后遇到这种情况可以写成 2×4 或 4×2。显然，这样教学既符合乘法的定义，也能让学生理解为什么可以写成两种形式。❀

22 关于算式改写的一点困惑 »

人教版《数学》二年级上册"乘法的初步认识"中有这样一道练习题：

10. 下面哪些算式可以直接改写成乘法算式，请写出来。

$3 + 3 + 3 + 2$ ＿＿＿＿＿＿

$2 + 2 + 2 + 2$ ＿＿＿＿＿＿

$5 + 5 + 5 + 5 + 5$ ＿＿＿＿＿＿

$8 + 8 + 2 + 5$ ＿＿＿＿＿＿

$3 + 2 + 1 + 3$ ＿＿＿＿＿＿

$4 + 4 + 4 - 3$ ＿＿＿＿＿＿

我的问题是：$3 + 2 + 1 + 3$、$4 + 4 + 4 - 3$ 能否改写成乘法算式 3×3？如果学生这样写，教学中如何处理？

Q

A

根据二年级乘法的含义和题目提示语中"直接"两字的要求，算式 $2 + 2 + 2 + 2$ 和算式 $5 + 5 + 5 + 5 + 5$ 能直接改写成乘法算式，其他的算式都不能直接改写成乘法算式。当然，"不能直接改写"不等于"不能改写"。例如，把算式 $3 + 2 + 1 + 3$ 中的"$2 + 1$"算出结果来，算式就变成了 $3 + 3 + 3$；把算式 $4 + 4 + 4 - 3$ 中的 3 拆成 3 个 1，每个 4 都减去 1，算式就变成了 $3 + 3 + 3$。经过变式，算式变成了相同加数连加，当然就能改写成乘法算式了。教学中遇到这种情况时，有经验的教师常常让学生说思考过程，说得正确的，理应给予肯定和鼓励。

这样讲 $3 \times 0 = 0$ 可以吗 >>

在教学"乘法的初步认识"时,当遇到乘数是 0 的乘法,如 3×0,有教师这样讲:根据乘法的含义,0×3 是 3 个 0 相加的和,结果是 0,因为 $0 \times 3 = 3 \times 0$,所以 $3 \times 0 = 0$。这样讲 $3 \times 0 = 0$ 可以吗?

传统教材中,"乘法的初步认识"这一内容涉及"相同加数"(被乘数)和"相同加数的个数"(乘数)。b 个 a (b 为相同加数的个数, a 为相同加数)列式为 $a \times b$,遇到乘数是 0 或 1 的乘法时,$a \times 0 = 0$ 不能解释成 0 个 a 相加的和,$a \times 1 = a$ 不能解释成 1 个 a 相加的和,而是作为乘法的补充定义(或称为约定式定义):$a \times 0 = 0$,$a \times 1 = a$。因为加法和乘法的运算律在乘、除法学习后进行教学,所以也不能理解成:因为 $0 \times 3 = 0$,$0 \times 3 = 3 \times 0$,所以 $3 \times 0 = 0$。因为在乘数是 0 的乘法未被定义前,0 是不能作乘数的。

现行教材中,教学"乘法的初步认识"时,往往通过实例告诉学生,如 4 个 2 相加,还可以用乘法计算,写成 $4 \times 2 = 8$ 或 $2 \times 4 = 8$。这样,像上面那样用交换律来解释 $3 \times 0 = 0$,也应该说得过去。

数学中的 0 和 1 是具有特殊意义的数,在加、减、乘、除四则运算中起着十分重要的作用。一般而言,在讲有关 0、1 的运算的算理时,可注意以下几点。

1. 对于加法和乘法中有关 0、1 的运算,可联系实例,并通过演示，根据加法或乘法的含义（意义）和补充规定讲。

2. 对于减法和除法中有关 0、1 的运算，可根据加减互逆关系或乘除互逆关系讲。例如，因为 $a + 0 = a$，所以 $a - a = 0$；又如，因为 $a \times 1 = a$，所以 $a \div 1 = a$。

3. 关于在除法运算中为什么要规定 0 不能作除数，可根据商的存在性和唯一性来讲。✍

24

乘数还是因数 >>

在乘法算式中，到底是"乘数 × 乘数 = 积"，还是"因数 × 因数 = 积"呢？（教材在二年级出现"乘数"，在四年级出现"因数"）

师范教材中有关乘法的定义大多如下：b 个相同加数 a 的和 c，叫作 a 与 b 的积，即 $\underbrace{a+a+\cdots+a=c}_{b\text{个}}$。求两个数的积的运算叫作乘法，记作 $a \times b = c$，数 a 叫作被乘数，数 b 叫作乘数。被乘数和乘数都叫作积的因数。

现行小学数学教材在第一学段引进乘法后，根据小学生的年龄特征，在介绍乘法各部分名称时，只出现"乘数 × 乘数 = 积"。到了第二学段讲因数和倍数时才结合乘法算式介绍"因数 × 因数 = 积"。由此可知，"乘数"是介绍乘法算式各部分名称时出现的，"因数"是讲乘法算式中各部分之间的关系时出现的。

25 乘法口诀教学有什么诀窍 >>

口诀，即根据事物的内容要点编成的便于记诵的语句。乘法口诀是乘除法计算的基础，是小学低年级数学教学的重要内容。有人说死记硬背是乘法口诀教学的诀窍，真是这样吗？

Q

乘法口诀教学的诀窍不是死记硬背，而是这三个字：编、记、用。

编。乘法口诀教学之前，先要初步认识乘法，让学生认识乘法的含义是乘法口诀教学的前提，这个基础一定要打好。引导学生通过实例编出口诀的过程一般是三步：通过直观和操作用加法算出和，根据乘法的含义改加法为乘法，观察算式编出乘法口诀。在这个过程中，教师除了通过示范讲清口诀的意义（即口诀的前两个字是乘数，后几个字是得数）外，还要重点引导学生自主学习和合作交流，从示范编到扶着编，最后根据经验自己编。

记。记忆口诀除了读、背外，应该注意两点：一是记忆口诀的方法有多种，但教给学生的方法不在于多，而在于按照所教的方法和意义去记住口诀，找规律记忆应是好办法；二是看似没有难易之分的口诀其实记忆时有易有难，所以练习、记忆都不要平均使用力量。要达到口诀脱口而出的目标，练习不可少，练习时防止教啥练啥，要注意常练带练*。

第一部分 数与代数

---

* "常练带练"的释义参见本书第 81 问解答部分。

口诀表也不要全部教完了才出示，分段出示、边教边出、逐步完善是好办法。

用。口诀在用中熟练，在用中生巧。用乘法口诀计算乘、除法以及用乘法口诀解决简单的实际问题是这一段时间的主要内容。前一块内容在教学时要特别注意这两类题：① $7 \times 8 + 4 = ($ $)$，乘加是乘法计算中用得最多、最易出现错误的题。②$($ $) \times 5 < 24$，$($ $)$里可以填几？最大能填几？它是口诀求商、试商的基础。后一块内容中，数量关系是简单的乘法模型，这段时间涉及的主要是每份数、份数与总数关系或倍数关系的实际问题，要注意结合乘、除法的含义讲清数量关系，让学生在解决实际问题的过程中体会乘法口诀的价值，体会数学与生活的联系。

乘法口诀教学，教师们积累了许多经验，例如，怎样激发学生学习乘法口诀的兴趣，自主、合作学习，怎样沟通四则运算的联系，怎样联系学生已有的知识、经验设计教学过程，怎样体现数形结合等数学思想、体现跨学科教学，怎样在乘法口诀教学中提升学生的数学思维……这些经验都可以作为我们乘法口诀教学的诀窍。🕮

26 发现因数个数有限这个特点有好教法吗 >>

因数和倍数教学，要求让学生观察发现一个数的因数有什么特点，引导学生通过自主学习、合作交流，能说出一个数最小的因数是1，最大的因素是它本身，一个数的因数的个数是有限的。但大部分学生说不出一个数的因数的个数是有限的这个特点，教学中有什么好办法吗？

Q

A

的确，大部分学生能说出一个数最大和最小的因数，但说不出因数的个数的特点。主要原因是说"最大""最小"时，学生不但能看到实实在在最大、最小的因数，还有思考的指向；而要求说个数时，学生只看到一个一个具体的因数，没有说个数的思考指向，所以说不出"个数有限"这个特点。为了解决这个问题，有些教师采用的方法是，教学因数的特点时，先只引导学生发现最大、最小这两个特点；等教学倍数的特点时，再引导学生发现一个数最小的倍数是它本身，没有最大的倍数，因为没有最大的倍数，所以一个数的倍数的个数是无限的；最后回到因数，通过与倍数的个数无限作对比，发现因数的个数是有限的这个特点。这样教学能突破因数教学中的这个难点，而且对比着学，学生既易发现，又易记住。

第一部分　数与代数

关于积的小数位数 >>

判断：三位小数乘两位小数，积一定是五位小数。这种说法对吗？

Q

A

三位小数乘两位小数，积一定是五位小数，这种说法正确。例如，0.123 × 0.17 的结果为 0.02091。因为 0.123 有三位小数，0.17 有两位小数，把它们写成十进分数，分母里相应地分别有 3 个 0 和 2 个 0，它们相乘的积也是十进分数，分母里就有 5 个 0：$\frac{123}{1000} \times \frac{17}{100} = \frac{2091}{100000} = 0.02091$，即三位小数乘两位小数，其积的小数位数是"3 + 2 = 5"。至于像 0.125 × 0.12 这类题目，应认为它的积是 0.01500，只不过约简后积为 0.015。

28 **认识"平均分",圈一圈是好办法吗 >>**

教学表内除法前认识"平均分",做平均分的练习题时,圈一圈是好办法吗?

Q

A

教学"平均分"这个概念,教师首先要理清以下几点。

1. 每份分得同样多,叫作平均分。

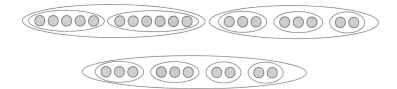

以上都不是平均分

2. 平均分操作时一般有两种方法。一种俗称等分,即一个一个地分,每份分得同样多。例如,把 8 个 ◯ 平均分成 2 份,每份是多少个?操作如下图所示。

每堆先分 1 个,照这样接着再分　　　每堆分 4 个,正好分完

另一种俗称包含分,即每几个一份地分,每份分得同样多。例如,8 个 ◯,每 2 个一份,分成了几份?

每 2 个圈一份　　　　　一共圈出 4 份,分成了 4 份

第
一
部
分

数
与
代
数

由此可见,对于包含分,圈一圈才是一个好办法。

3. 认识平均分,显然是为学习除法服务的,除法可以看作是连续减去相同数的减法。所以在讲平均分时,应注意渗透"在一个整体中减去若干个相同部分,可知道有几个这样的相同部分"的思想。其实,除法可看作是求连续减去若干个相同部分的差的简便运算。

4. 平均分可用除法算式表示,但除法算式不一定都表示平均分。例如,$6 \div 6 = 1$,$6 \div 2 = 3$,$6 \div 3 = 2$ 可表示平均分,但 $6 \div 1 = 6$ 一般不能视作平均分。

5. 在练习中,可出示实物或实物图的平均分,几何图形的平均分也可出示数的平均分。✿

29 关于除数是小数的除法问题 >>

在学习除数是小数的除法时，虽然教材设置了现实情境，但是由于不能借助平均分，学生难以理解除法运算的意义。教学中该如何处理？

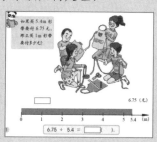

Q

A

除法的定义可这样表述：已知两个数 a、b，其中 $a \neq 0$，如果存在数 q，满足 $aq = b$，就说 q 等于 b 除以 a，记作 $q = b \div a$ 或 $q = \dfrac{b}{a}$。小学里一般这样表述：已知两个因数的积与其中一个因数，求另一个因数的运算叫作除法。

用除法来解决实际问题，一般有两个实际模型，即"等分除"和"包含除"，但归根到底都是"每份分得同样多——平均分"，本质上是已知两个因数的积与其中一个因数，求另一个因数。

结合教材所设置的现实情境，教师可借助"单价 × 数量 = 总价"来分析数量关系（这个过程其实体现了除法的意义）。

第一部分 数与代数

"整除"和"除尽"的异同 >>

整除和除尽的联系与区别是什么？

A

整数 a 除以整数 b（$b \neq 0$），除得的商正好是整数且没有余数，就说 a 能被 b 整除。

数 a 除以数 b（$b \neq 0$），除得的商是整数或有限小数，且没有余数，就说 a 能被 b 除尽。

由上可知：

1. 整除和除尽都是在研究除法时出现的概念，且除得的结果都没有余数。

2. 二者的被除数、除数和商的范围不同。讲除尽时，被除数、除数和商可以是整数，也可以是小数；讲整除时，被除数、除数和商都限制在整数范围内。

3. 除尽包含整除。整除一定能除尽；而除尽时，只有当被除数、除数和商都是整数时才是整除。

小学数学教学
疑难答问

有余数的除法算式怎样读 >>

下面的算式应该怎样读？

$$7 \div 2 = \textcircled{3} \cdots\cdots \textcircled{1}$$

商　　余数

　　我翻阅了多个版本的小学数学教材，发现有余数除法算式的读法有三种处理情况。以这道算式为例：①读成"7除以2等于3余1"，如苏教版、沪教版；②读成"7除以2商3余1"，如冀教版；③没给出读法的示范和说明，如人教版、北京版、青岛版。

　　究竟怎么读比较好？

Q

　　小学里的算式一般有两种读法，一为顺序读法，即从左往右依次读；另一种为意义读法，即读出算式的意义。例如，$2 \times (34 - 5) = 58$，顺序读法为：2乘括号34减5括号等于58；意义读法为：2乘34减5的差，积是58。

　　类似地，$7 \div 2 = 3 \cdots\cdots 1$读成"7除以2等于3余1"可看作是顺序读法，读成"7除以2商3余1"可看作是意义读法，两者都可以。

要不要着力纠正"除以"和"除"的误读 >>

现行教材中,乘法算式 $a×b$ 读作 a 乘 b,不出现 "乘以"这个词,除法算式 $a÷b$ ($b≠0$)读作 a 除以 b。 学生中出现"a 除 b"的读法要不要着力纠正,要不要讲 "除以"和"除"的区别?

Q

A

现行教材"乘法的初步认识"教学中,认识了"几个几" 后,初步认识乘法的含义时就告诉学生:a 个 b 相加可以用乘 法计算,写成乘法算式是 $a×b$ 或 $b×a$,读作:a 乘 b 或 b 乘 a。接着用直观的方法揭示:$a×b$ 和 $b×a$ 虽然交换了乘数的 位置,但仅是观察角度不同,积相同,所以不分被乘数和乘 数,"×"读作"乘"即可。

除法则不同,它是乘法的逆运算,是已知两个因数的积 与其中一个因数,求另一个因数的运算。在除法中,已知的 两个因数的积叫作被除数,已知的一个因数叫作除数,所得 的另一个因数叫作商。被除数和除数的概念不能混淆,位置 也不能交换。教材中介绍 $a÷b$ ($b≠0$)读作"a 除以 b", 当学生中出现"a 除 b"的读法时,教师应该及时纠正。因为 除法算式有两种读法,$a÷b$ ($b≠0$)可以读作"a 除以 b" 或"b 除 a"。"除以"和"除"虽一字之差,但意义完全相反。

"除"有两个含义,一是已知两个因数的积与其中一个 因数,求另一个因数的运算,叫作除法,这里的"除"是名词 的一个组成部分;二是在除法计算中,一个因数去除积时,也叫作"除"（或者"去除"），是作为动词用。例如，2 除 6，6 是被除数，2 是除数，列出算式是 6÷2，读作 2 除 6（或者读作 2 去除 6）。

"除以"则不同，当我们讲"积"被"一个因数"除时，叫作"积"除以"一个因数"，先读横式中的被除数，再读除数，读作几除以几。例如，6 被 2 除，6 是被除数，2 是除数，列出算式是 6÷2，读作 6 除以 2。

除法的这两种读法各有用武之地，根据学生从左往右读算式的习惯，在读横式时，显然用"除以"方便，如 6÷2，读作 6 除以 2；读竖式时，显然用"除"方便，如 $2\overline{)6}$，读作 2 除 6。

综上所述，教材虽然没有介绍 $a÷b$（$b≠0$）可读作"b 除 a"，但学生中出现"a 除 b"的读法时，教师应该注意及时纠正，虽一字之差，但意义不同，因为除法不存在交换律。🐟

为何严格区分"除以""除"与"被……除" >>

小学的文字题中经常出现类似 25 除以 5，6 除 36，12 被 2 除这样的题目叙述，学生往往会出错。请问：让学生严格区分"除以""除""被……除"，并辅以大量练习，是否有必要？对今后的学习有什么帮助？

Q

A

两个数相除有两种读法："除"和"除以"。被除数在前用"除以"，在后用"除"。例如，$a \div b = c$（$b \neq 0$）可读作 a 除以 b 等于 c，或读作 b 除 a 等于 c。这个规定非常有必要，其最大的作用是分清了谁是被除数，谁是除数，所以一定要严格区分，否则就乱了套。

读是表述的基础，一般而言，小学阶段读除法算式时大多用"除以"，在高等数学中大多用"除"或"被……除"。例如，带余除法的定理：对于任意两个多项式 $f(x)$、$g(x)$，其中 $g(x) \neq 0$，总可以找到多项式 $q(x)$ 及 $r(x)$，使得 $f(x) = q(x)g(x) + r(x)$，$q(x)$ 称为 $g(x)$ 除 $f(x)$ 所得的商式或简称商，$r(x)$ 称为余式或简称余。这可能与学生的年龄、认知能力有关，当然，主要是考虑表述简洁与表述习惯。例如，三位数除以两位数 $378 \div 33$，读横式时一般从左往右读作 378 除以 33，而在竖式计算 $33 \overline{)378}$ 时，有的教师读作 37 除以 33，也有的教师从左往右读作 33 除 37。

为什么有余数的除法不能化简 >>

630÷27，学生解答如下：

　　630÷27

＝ 630÷9÷3

＝ 70÷3

＝ 23……1

面对这样的错误，如何给学生解释出错的原因？

　　严格地讲，除法和有余数的除法是两种不同的运算，不能说"有余数的除法是除法的特例"，也不能说"除法是有余数的除法当余数为 0 时的特例"，它们不是属种关系，而是分别定义在不同集合上的两种不同的运算。（详见由金成梁编著、江苏教育出版社出版的《小学数学疑难问题研究》一书）

　　630÷27 ＝ 23……9，其中"23……9"并不表示确定的数。实质上，它仅给出商的整数部分与分数部分的分子，分数部分的分母则是等号另一边的除数，即 $630÷27 = 23\frac{9}{27}$。

　　70÷3 ＝ 23……1，其中"23……1"同样也并不表示确定的数，而是 $70÷3 = 23\frac{1}{3}$。当然，$23\frac{9}{27} = 23\frac{1}{3}$。

　　同理，利用商不变的性质进行简算，如 640÷30 ＝ 64÷3 ＝ 21……1，余数不是"1"而是"10"。教学时，应结合实例让学生知道：1. 被除数和除数同时乘或除以一个相同的数（0 除外），商不变。这里清楚地告诉我们是"商不变"，并非余数不变。2. 余数变化的倍数和除数、被除数变化的倍数是相同的。🐢

第一部分　数与代数

除法中每次除得的余数必须比除数小吗 >>

除数是多位数的除法法则是：1. 从被除数的高位除起，除数有几位，就看被除数的前几位，如果不够除，就向后多看一位；2. 除到被除数的哪一位，就把商写在哪一位上面，如果不够除，就在这一位商 0；3. 每次除得的余数必须比除数小，并在余数的右边一位写下被除数在这一位上的数，再继续除。请问：每次除得的余数必须比除数小吗？

现实生活中，余下的数不必比平均分给每个人的数量小。例如，老师口袋里有 10 颗糖，平均分给小明和小红各 3 颗，老师口袋里还余下 4 颗糖。在除法的计算中，也不必每次除得的余数都比除数小，只要最后一步余数比除数小，结果就唯一。例如，

$$469 \div 3 = 156\cdots\cdots1$$

$$
\require{enclose}
\begin{array}{r}
7 \\
149 \\
3 \enclose{longdiv}{469} \\
\underline{3} \\
16 \\
\underline{12} \\
49 \\
\underline{27} \\
22 \\
\underline{21} \\
1
\end{array}
$$

规定余数比除数小是为了保证商的唯一性，要求每次除得的余数必须比除数小是为了计算过程简便且结果唯一。

36 余数可以为 0 吗 >>

在"有余数的除法"中，教师让学生观察整除和有余数除法的算式，并让学生思考：整除有余数吗？最后得出：它的余数是 0，可以说它是特殊的有余数除法，在平时我们就省略 0 不写。这样说可以吗？

Q

A

"整除"是在整数范围里定义的概念。小学数学教学有关概念时一般约定在非零自然数范围内讨论。（此外，小学数学教材已不涉及此概念）对于一个整数 a 和一个自然数 b，如果存在一个整数 q，使得 $a = bq$ 成立，那么就说 a 能被 b 整除，或者说 b 能整除 a，记作 $b \mid a$（或 $a \vdots b$）。一般地，整数 a 除以自然数 b，商为 q，余数为 r，就有 $a = bq + r$，其中 $0 \leqslant r < b$。当 $r = 0$ 时，表明 $b \mid a$；当 $r \neq 0$ 时，表明 a 不能被 b 整除（或 b 不能整除 a），记作 $b \nmid a$。

如果学生已知晓整除的概念，说整数 a 除以自然数 b，余数为 0 时，就表明 a 能被 b 整除，应该是可以的。

37 从"三个理解"看,"有余数的除法"教学应注意什么 >>

　　教学表内除法前要讲"平均分"这个概念,教学"除数是一位数的除法"前要讲"有余数的除法",这是公认的教材体系,符合教材的科学性和学生的可接受性。从"三个理解"(理解数学、理解学生、理解教学)看,"有余数的除法"教学应注意什么? **Q**

A

　　理解数学。1. 理解有余数的除法的定义。已知整数 a 与非零自然数 b,如果存在整数 q 与 r,使 $a = bq + r$($0 < r < b$),那么 a 为被除数,b 为除数,q 为不完全商,r 为余数。求两个数的不完全商 q 和余数 r 的运算叫作有(带)余数的除法。比照这个定义,应注意仅说有余数的除法就是"计算结果有余数的除法"或"平均分后有剩余",因为这两种说法均未说到"余数要比除数小"这一要点,所以均属不严密的说法。2. 理解余数为什么要比除数小。现实生活中"余数比除数大"的实例有很多。例如,老师口袋里有 10 颗糖,分给三个小朋友每人 2 颗,自己余 4 颗。为了保证计算结果的唯一性,在除法计算里才规定"余数要比除数小"。而且,即使为了保证结果的唯一,在竖式计算里也没必要每一步余数都比除数小,只要最后一步余数比除数小即可(当然,要求每一步余数比除数小,对小学生而言能省去许多不必要的麻烦)。3. 知道有余数的除法和除法适用范围不同。有余数的除法适

用于整数除法，而除法不仅适用于整数，还适用于小数、分数等。4. 有余数的除法不能简算。例如，$630 \div 27$ 不能简算成 $630 \div 27 = 630 \div 9 \div 3 = 70 \div 3 = 23 \cdots 1$，注意商不变不等于余数不变，其结果应为 $630 \div 27 = 23 \cdots 9$，即 $630 \div 27 = 23\frac{9}{27} = 23\frac{1}{3}$。

理解学生。学生学习有余数的除法，认识上有几个可提升的层次。1. 从"平均分后没有剩余"（表内除法）到"平均分后有剩余"（有余数的除法）；2. 从理解"有余数的除法""余数"到"余数要比除数小""余数有范围，有变化的规律"；3. 从正确写出表内除法商的单位，到分别正确写出有余数除法的商和余数的单位。以上三点对学生来说理解起来都有一定的难度，教师在教学中要做到心中有数。

理解教学。教学有余数的除法要注意：1. 基于基础。学生已有"平均分"和"表内除法"这两个基础，教学应基于基础设计教法，设计教学过程。2. 注重操作。要让学生在动手操作，以及边操作边演示边写算式中逐步理解有余数的除法和余数的含义。3. 发现规律。要注意通过实例让学生在自主探索、比较交流中发现并验证余数比除数小和余数变化的范围等规律。⚱

"商不变规律"在多个版本的教材中出现在四年级，"分数的基本性质"大多出现在五年级，"比的基本性质"出现在六年级。"分数的基本性质"和"比的基本性质"都被命名为"基本性质"，而"商不变规律"在有些教材中被命名为"规律"，在有些教材中则被命名为"性质"，还有些教材未给出明确命名。这三个本质相通的概念，它们的名称为什么没有统一为"性质"？哪个对学生来说是最重要的？

小学数学教学
疑难答问

人民教育出版社课程教材研究所章建跃先生发表在《数学通报》2020 年第 8 期上的《"预备知识"预备什么、如何预备》一文中指出，"运算中的不变性、规律性就是代数性质""几何图形组成元素之间的关系，几何图形之间的位置关系就是几何性质"。从这个角度理解，将这三个本质相通的概念统称为性质，没错。

因为性质是指一种事物区别于其他事物的根本属性，所以通常把"比的前项和后项同时乘或除以相同的数（0 除外），比值不变""分数的分子和分母同时乘或除以一个相同的数（0 除外），分数的大小不变"称为性质。因为规律是指事物之间内在的本质联系，所以除法中的"被除数和除数同时乘或除以一个相同的数（0 除外），商不变"通常称为商不变规律。加法和乘法运算中的规律称为运算律，其实称为运算的性质也可以。

苏教版《数学》三年级下册"小数的初步认识",根据例题"5分米是$\frac{5}{10}$米,$\frac{5}{10}$米还可以写成0.5米。4分米是$\frac{4}{10}$米,$\frac{4}{10}$米还可以写成0.4米。2角是$\frac{2}{10}$元,还可以写成0.2元。1元2角还可以写成1.2元。3元5角还可以写成3.5元",教师小结时得出"十分之几可以写成零点几,零点几就表示十分之几",这样说正确吗?若不正确,怎样说才正确?

苏教版《数学》"小数的认识"分两段安排。"小数的初步认识"安排在三年级下册,关于小数的意义、性质、运算等内容安排在五年级上册。三年级下册通过例题让学生初步了解小数的含义,知道"像上面的0.5,0.4,1.2和3.5都是小数"。小数中的圆点叫作小数点。小数点左边的部分是整数部分,右边的部分是小数部分。五年级上册通过例题让学生理解小数的意义,知道:分母是10,100,1000……的分数都可以用小数表示。一位小数表示十分之几,两位小数表示百分之几,三位小数表示千分之几……

教学"小数的初步认识",结合例题的具体数据告诉学生"十分之四可以写成零点四""十分之五可以写成零点五"……是正确的,但概括为"十分之几可以写成零点几"

显然不妥。例如，$\frac{15}{10}$ 应写成 1.5。根据五年级上册"小数的意义"的教学，这里说成"分母是 10 的分数可以用小数表示"较好，至少应说成"像这样的小数都可以写成零点几，零点几表示十分之几"。△

40　小数的小数部分 >>

"小数的意义"教学中往往提到：小数分为整数部分、小数部分。到底小数部分指的是什么？例如，3.85的小数部分是85还是0.85？

现行小学数学教材中认识小数内容都会讲到"小数中的圆点叫作小数点。小数点左边的部分是整数部分，右边的部分是小数部分"（苏教版《数学》三年级下册第88页），并会结合实例加以说明：

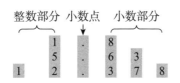

3.85的小数部分是85还是0.85？不同意小数部分是85的教师会说，小数部分怎么会是整数85呢，应该是0.85。不同意小数部分是0.85的教师会说，小数部分是0.85，那写成原来的小数岂非要写成3.085了？其实，如果问题改为"小数部分从左到右的数字是哪几个"或"小数部分是多少个百分之一"，就不会引起争议了。说3.85的小数部分是85（当然最好加上引号）其实没有错，从人教版教材的示意图中就能得到这样的结论。这里说的是这个小数的小数部分，"85"并非指整数85，而是85个百分之一。

第一部分　数与代数

4 是 4.0 的近似数吗 >>

一个一位小数四舍五入后求得的近似数是 4，这个小数可能是多少？ 4.0 算其中的一个一位小数吗？ 有的老师认为答案是 10 个，分别是 3.5，3.6，3.7，3.8，3.9，4.0，4.1，4.2，4.3，4.4，也有老师认为答案是 9 个，即不包括 4.0。

Q

A

一个一位小数四舍五入后求得的近似数是 4，一共有 10 个可能的一位小数。它们分别是 3.5，3.6，3.7，3.8，3.9，4.0，4.1，4.2，4.3，4.4。在这里，4.0 是一位小数，它与 4 的精确度是不一样的，它四舍五入后精确到个位当然是 4。

42 循环小数的定义可以更严谨一些吗 >>

在人教版《数学》五年级上册中，关于循环小数的定
义是这样的：一个数的小数部分，从某一位起，一个数字
或几个数字依次不断重复出现，这样的小数叫作循环小
数。但曾有学生问过我，因为在小数的末尾可以添上一
个"0"或几个"0"，甚至无数个"0"，小数的大小不变，这
样根据循环小数的定义，像5.3000…、0.67000…等都是
循环小数吗？这样任何一个小数都是循环小数吗？循环
小数的定义是否应该更严谨一些呢？

Q

　　循环小数这个概念是在小数除法中出现的。在小数除
法中，可能出现两种情况：

　　（1）除到某一步时，余数为零（除尽），此时，所得的商
的小数位数是有限的，这样的小数叫作有限小数。

　　（2）永远不出现余数为零的情况（除不尽），所得的商
的小数位数是无限的，这样的小数叫作无限小数。当然，计
算可以停止在某一位小数上，从而得到近似的结果。

　　如果在无限小数的小数部分，从某一位起，一个数字或
几个数字依次不断重复出现，这样的无限小数叫作循环小数。

　　根据小学生的年龄特点和接受能力，现行小学数学教
材没有讲有限小数、无限小数的概念，所以定义循环小数用
"一个数"，没有用"一个无限小数"这个前提。

　　5.3和0.67是有限小数，不是无限小数。当然，从理论

第一部分　数与代数

59

上讲，有了循环小数的概念，就可以把一个有限小数表示成无限小数。方法是把它看作循环节是 0 的无限循环小数，如 $5.3 = 5.3000\cdots = 5.3\dot{0}$，或把它看作循环节是 9 的无限循环小数，如 $5.3 = 5.2999\cdots = 5.2\dot{9}$。其实，不仅如此，任何整数都可以用这两种方法写成无限循环小数的形式，如 $1 = 1.000\cdots = 1.\dot{0}$ 或 $1 = 0.999\cdots = 0.\dot{9}$。但这些知识在小学数学里不讲。🔺

43 怎样确定循环节 >>

循环小数 2.4254254…的循环节究竟是 425 还是 254？这样的数应该以什么为标准来确定循环节？如果以 425 为循环节，那么省略号前仍有一个 4，能保证它后面跟着的一定是 2 和 5 吗？

Q

循环小数有以下几条性质：

1. 循环节的位数增加到原循环节的 2 倍、3 倍……循环小数的值不变。例如，0.2̇4̇ 可以写作 0.2̇42̇4 或 0.2̇4242̇4。

2. 纯循环小数写作混循环小数的形式，值不变。例如，0.2̇4̇ 可以写作 0.24̇2̇ 或 0.24̇24̇。

3. 有限小数也可以写作以 0 或 9 为循环节的循环小数。例如，2.58 可以写作 2.580̇ 或 2.579̇（一般不采用以 9 为循环节的形式）。

化纯循环小数为分数的方法是：

1. 分数的分子是由第一个循环节的数字所组成的数；

2. 分母是由数字 9 所组成的数，9 的个数等于循环节的位数。

化混循环小数为分数的方法是：

1. 分数的分子是小数点右边第一个数字到第一个循环节结束所组成的数，减去不循环数字所组成的数，所得的差；

2. 分母是由数字 9 后面带数字 0 所组成的数，其中 9 的个数等于循环节的位数，0 的个数等于不循环部分的位数。

根据循环小数的性质，循环小数 2.4254254…的循环节定为 425 或 254 均可。可以用化循环小数为分数的方法进行验证。

$$2.4\dot{2}5\dot{5} = 2\frac{425}{999}$$

$$2.4\dot{2}54\dot{4} = 2\frac{4254-4}{9990} = 2\frac{4250}{9990} = 2\frac{425}{999}$$

　　当然，循环小数虽然可以写成不同形式，但除特别需要外，一般都写成最简单的形式。🔅

44 小数都可以写成分数的说法严谨吗 >>

"分母是 10、100、1000……的分数都可以用小数表示",这是现行教材在"小数的意义"这一单元一般都会出现的一句话。教学时,有的教师会接着讲"小数是由分母为 10、100、1000……的数(十进分数)改写成的不带分母形式的数""小数是特殊的分数,是分数的特例""小数都可以改写成分数"。这些说法严谨吗?

Q

A

我们知道,小数可以分为有限小数与无限小数,无限小数又可以分为无限循环小数和无限不循环小数,无限不循环小数又称为无理数,有理数和无理数统称为实数,如下图所示。

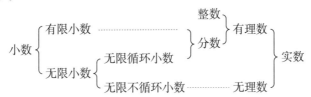

有限小数就是由分母不含 2、5 以外的质因数的最简分数改写成的小数;无限循环小数就是由分母含有 2、5 以外的质因数的最简分数改写成的小数。

所以,小数是由分母为 10、100、1000……改写成的不带分母形式的数,小数都可以写成分数,小数是特殊的分数,严格地讲必须有一个前提,即在有理数范围内。在实数范围内,请注意,无限不循环小数不能改写成分数,反之,分数都可以改写成小数。其实，教师在教学中要注意，出现的结论不能和后续知识产生矛盾。所以，小学数学教学中，教师不必给出"小数都可以改写成分数"这样的结语。同样地，在整数、小数、分数教学中，教师也不必告诉学生"数一定有大小""可以比较所有数的大小"，因为在复数域中，我们就无法定义复数的大小，有大小之分的仅是复数域内的实数部分。🔶

Q

小学数学教材一般在归纳一个物体、一个图形、一个计量单位和一些物体组成的一个整体为单位"1"后，给出分数的定义：把单位"1"平均分成若干份，表示这样的一份或几份的数叫作分数。所以有些教师教学时告诉学生"分数是分出来（先分后数）的"，这种说法有道理吗？

"分数是分出来的"这种说法易引起争议，主要有两个原因。一是源自分数的定义，分数在大学阶段的理解是，分数是整数环的分式域中的一个元素。在师范类数学教材中，分数一般定义为：形如 $\frac{m}{n}$（n 为大于 1 的自然数，m 为自然数）的数叫作分数。伍鸿熙教授认为"分数是数轴上某些固定的点，在此定义下，分数的相等、大小、运算法则等都能在数轴上找到直观的几何意义"。小学阶段关于分数的份数定义是描述性的，其不完善性、不明确性显而易见。二是分数的导出除了"分出来"外，还有"量出来""除出来""比出来"等多种说法，仅说"分出来"也不够完善，不够明确。

其实，认识分数和认识其他数与形一样，既要考虑数学知识的科学性，又要考虑小学生对数学知识的可接受程度，两者缺一不可。比较分数导出的方法，实践证明，最符合小学生认知规律的、小学生最易接受的，的确是"分出来"的方法。在此基础上结合有关实例逐步介绍"除出来""量出来""比出来"等方法和知识之间的关联，小学生易接受、易理解。事实上，小学生知识的完善是一个循序渐进的过程，包括后续教学分数大小的比较、分数的基本性质等知识，都是在逐步完善学生对分数概念的理解。当然，教学过程中，其中有些知识点是不容忽视的。例如，教学中既要有"等分除"，又要有"包含除"的实例，即既要有"分数表示数量关系的含义（量的关系）"，又要有"分数表示倍数关系的含义（率的关系）"；为了使除法运算总可以施行而引进了分数，即不能得到整数商时，可用分数表示；分数的认识同整数、小数的认识一样，它是从数量到数的抽象，是计数单位的表达，所以分数单位是一个重要的概念。㉔

46 哪几个题组是分数意义教学后练习的好题目 **>>**

"分数的意义"是小学数学教学的重要内容之一。"分数的意义"教学后，让学生练习哪几组好题有利于加深学生对分数意义的认识?

A

五年级学习"分数的意义"前，学生一般已学习了"分数的初步认识"，知道把一个物体、一个图形、一个计量单位或一些物体组成的整体平均分成几份，每份就是它的几分之一。教学时应注意从学生已有的这些知识出发，通过归纳先认识单位"1"，再认识分数和分数单位。在此基础上，通过练习教材中的习题和以下几个老师们常用的好题目，加深学生对分数意义的理解。

1. 看图写分数（阴影部分用分数表示）。

（1）

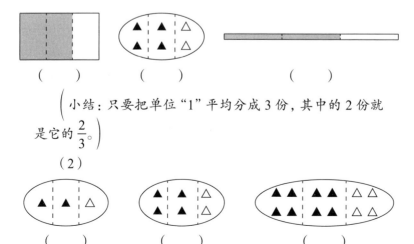

( )   ( )   ( )

（小结: 只要把单位"1"平均分成 3 份，其中的 2 份就是它的 $\frac{2}{3}$。）

（2）

( )   ( )   ( )

第一部分 数与代数

67

（小结：只要把单位"1"平均分成 3 份，其中的 2 份就是它的 $\frac{2}{3}$；虽然都可以用分数 $\frac{2}{3}$ 来表示，但因为看作单位"1"的整体数量不同，所以所对应的数量也不同。）

2. 说说下面各数的计数单位，以及各有几个这样的计数单位。

（1）4，14；（2）0.3，0.32；（3）$\frac{2}{4}$，$\frac{3}{4}$。

（小结：自然数、小数、分数都是计数单位个数的表达。）

3. 在下图中画出表示下列各组分数的点。

0　　　　　　　1　　　　　　　2

（1）$\frac{1}{4}$，$\frac{2}{4}$，$\frac{3}{4}$；（2）$\frac{3}{8}$，$\frac{5}{8}$，$\frac{7}{8}$；（3）$\frac{1}{2}$，$\frac{2}{2}$，$\frac{3}{2}$。

4. 在下图中，你能用涂色的方法表示哪些分数？并说说理由。

（能表示① $\frac{1}{2}$；② $\frac{1}{3}$，$\frac{2}{3}$；③ $\frac{1}{6}$，$\frac{2}{6}$，$\frac{3}{6}$，$\frac{4}{6}$，$\frac{5}{6}$。）

（1）说说每组分数的分数单位，有几个这样的分数单位。

（2）这 8 个不同的分数都把 6 个 △ 看作单位"1"，为什么会得到 3 组不同的分数？（平均分的份数不一样，表示的份数也不一样）

（3）第 3 组分数什么相同？（分数单位）什么不同？（包含分数单位的个数不同）

5. 联系实际，先说说下面各条信息中把谁看作单位"1"，再说说分数的意义。从这些信息中，你还能想到什么？

（1）一节课的时间是 $\frac{2}{3}$ 小时。

（2）一节数学课，$\frac{2}{3}$ 的时间用来做练习。

（3）五年级学生中，会游泳的学生人数占 $\frac{7}{9}$。

（4）我班共有 36 名学生，患近视的学生人数占全班学生总人数的 $\frac{1}{4}$。🪙

右图阴影部分能用 $\frac{1}{3}$ 表示吗?——这是分数认识中的一道熟题。有人说是好题,利于学生真正理解分数的意义,也有人说刚认识分数时不宜出此题。到底宜出不宜出此题?

关于此题,学生的错解大多是:因为看不出是平均分,所以阴影部分不能用 $\frac{1}{3}$ 表示。学生练习此题,一可加深对分数意义的理解,知道解题时不但要关注分数概念中的关键词"平均分",还要关注关键词"单位'1'"等;二可加深对题意的理解,"阴影部分能用 $\frac{1}{3}$ 表示吗",其实是问阴影部分的面积是不是三角形面积的 $\frac{1}{3}$,解题时不能光直观地看图中分成的三块是不是平均分,是不是分成了三个形状完全一样的图形。解此题除了要用到分数的意义知识点,还要用到约分、巧分图形等知识点。将图形转化为右图,阴影部分的面积占三角形面积的 $\frac{3}{9} = \frac{1}{3}$ 就显见了。

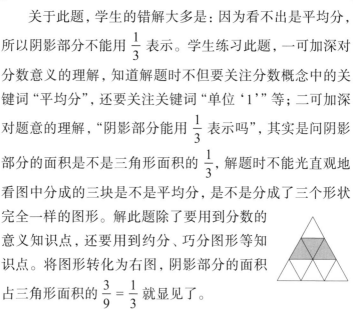

由上可知:刚认识分数的意义时,出此题可能会干扰一些学生理解分数的意义,且所用知识涉及约分,所以不宜早出;学生在学过"分数的意义和性质"这一单元后练习此题,既能加深对分数意义的理解,又能拓展思路,是好题。

48 $\frac{1}{1}$是分数单位吗 >>

在认识分数单位时，学生通过数分数、观察"分数墙"等活动，感悟到分数单位就是几分之一的分数。我请学生举例，当有一个孩子说 $\frac{1}{1}$ 是分数单位时，我解释道："分数是把一个整体平均分成若干份，平均分成 1 份就等于没分，没有意义。所以最大的分数单位是 $\frac{1}{2}$。"

但从假分数的定义来看，$\frac{1}{1}$ 的确是分数，同样，$\frac{2}{1}$、$\frac{3}{1}$ 都是分数。为什么最大的分数单位不是 $\frac{1}{1}$，而是 $\frac{1}{2}$ 呢？

Q

A

现行教材中，分数的定义为：把单位"1"平均分成若干份，表示这样的一份或几份的数，叫作分数。表示其中一份的数，叫作分数单位。而且，任何整数 m 都可以写成分数 $\frac{m}{1}$ 的形式。但请注意，这里说的仅是"写成"，不能理解成"是"分数。我们知道，整数和分数统称为有理数，在小学数学中给出的"分数"定义实质上是正有理数 $\frac{m}{n}$ 的定义，其中 $n \geqslant 2$。整数 m 可以表示为 $\frac{m}{1}$，不能说明"整数也是分数"，仅仅表示"整数是有理数"。因为 $\frac{m}{n}$ 并不是分数所特有的表示形式，而是有理数所特有的表示形式。$2 = \frac{2}{1} = \frac{4}{2} = \frac{6}{3} = \cdots\cdots$只能得出"2 是有理数"，不能得出"2

第一部分 数与代数

是分数"的结论。事实上,当 m 能被 n 整除时, $\frac{m}{n}$ 是整数;

当 m 不能被 n 整除时, $\frac{m}{n}$ 才是分数。可见,整数不是分数。

由于整数与分数的外延是互相排斥的,并且它们的并集是邻近的属概念有理数的外延,因此整数与分数这两个概念之间的关系如下图所示。

由此可知,最大的分数单位是 $\frac{1}{2}$。

关于分数的两点疑问 >>

像 $\dfrac{0}{3}$、$\dfrac{0.2}{3}$、$\dfrac{3}{0.2}$ 这样的数是不是分数？分子是 1 的分数一定是最简分数吗？

A

在某些运算过程中有可能出现像 $\dfrac{0.2}{3}$、$\dfrac{3}{0.2}$ 这样的写法，最后一般会写成 $\dfrac{1}{15}$、15 等结果。过去，小学数学教材中有繁分数的定义：一个分数，它的分子、分母里又含有分数的，叫作繁分数。由这个定义，像 $\dfrac{0.2}{3}$、$\dfrac{3}{0.2}$ 可看作是繁分数。

分子与分母互质的分数，叫作最简分数。"最简"是从化简的角度提出的要求，"互质"是针对两个非零自然数而言的，若它们的公约数只有 1，则这两个数互质。我们知道，1 和任何一个自然数互质，当一个分数的分子是 1 时，这个分数不能再化简，所以分子是 1 的分数一定是最简分数。

《数学通报》2011 年第 11 期发表的《根深叶茂·源远流长——记伍鸿熙教授北京数学教育之行》一文中谈及现行教材分数定义，伍先生认为"分数的数学定义不明确""在大学阶段的理解是，分数是整数环的分式域中的一个元素。但是在中小学数学中我们不能这样讲，学生的思维不能接受环这样抽象的概念"。伍先生在文章中定义"分数是数轴上的某些固定的点，在此定义下，分数的相等、大小、运算法则等都能在数轴上找到直观的几何意义"。在数轴上，我们可以看出最大的分数单位是 $\dfrac{1}{2}$，且 $\dfrac{1}{1}$、$\dfrac{0}{3}$ 等不是分数。

50　假分数必须化为带分数吗 >>

　　在教学分数的加减法时，遇到结果是假分数的，要求学生能化成整数的一定要化成整数。那么，不能化成整数的假分数是否必须化为带分数？可以直接用假分数表示吗？是否有相关规定？

　　在分数的四则运算教学中，教材和教师一般会提醒学生注意以下几点：

　　1. 得到的结果能约分的要约分；

　　2. 约分时通常要约成最简分数；

　　3. 分数乘除法，可以先约分再计算；

　　4. 分数四则混合运算的运算顺序与整数相同；

　　5. 整数的运算律对于分数同样适用；

　　6. 注意使用简便算法，使计算简便。

　　有些教师在教学分数加减法时，遇到结果是假分数的，要求学生把假分数化成整数或带分数也是可以的。但据我所知，初中阶段在遇到分数的四则运算时，为了防止学生出现如下的错误：将"$2\frac{1}{2}$"误认为"$2 \cdot \frac{1}{2}$"，教师不要求甚至不允许学生将假分数化成带分数。我建议：约成最简分数就行，如没有特别要求，不必将假分数化成带分数。

题目:图中阴影部分占整个图形的几分之几?

生答:$\frac{1}{4}$。给出的理由是:可找到生活中的分数的例子。例如,我们小组有 4 个人,那么我就占我们四人小组的 $\frac{1}{4}$。可是,我们 4 个人的个头都不相等,也就是说,我们四个人并没有被"平均分",可是"我"仍能占我们四人小组的 $\frac{1}{4}$。这一题和所举的例子很相似,所以我认为可以用 $\frac{1}{4}$ 表示。

遇到这种情况,教师该如何应对?

把单位"1"平均分成若干份,表示这样的一份或几份的数叫作分数。分数和其他数一样,来源于生活,是许许多多生活原型中的数量抽象后得到的数。这时,分数已与它的许多物理性质无关,它与"单位'1'""平均分""取几份"或"占几份"有关。

回到这道题目,"整个图形"就是单位"1",应被平均分成若干份,"阴影部分"是这样的几份,它就占整个图形的几分之几。弄清楚了这几点,就能得到正确答案。

学生所举的生活中的例子，"我们小组有 4 个人，那么我就占我们四人小组的 $\frac{1}{4}$"，其中的单位"1"是"四人小组"（这里的四人小组与四个人的性别、年龄、个头无关），"我"是四人小组中的一员，当然就占四人小组人数的 $\frac{1}{4}$。例子本身是正确的，但与题目所考查的平均分意义下的分数问题不相符。

　　教师在处理这类问题时，首先要注意紧扣分数的意义，让学生真正理解分数意义中的几组关键词；其次要注意结合具体例子让学生逐步理解生活是数学的原型，但生活不等于数学，数学也不等于生活，生活中既没有抽象的 1、2、3、4，也没有抽象的 $\frac{1}{2}$、$\frac{1}{3}$、$\frac{1}{4}$。⚠

如何理解通分 >>

在教学分数的大小比较时，遇到分子不同的情况，学生可否化成相同的分子来比较？这种做法是通分吗？

A

比较分数大小的方法有多种。例如，比较 $\frac{3}{5}$ 和 $\frac{4}{9}$ 的大小，下面几种方法都可以。

方法一：画图比较。

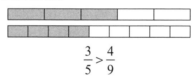

$$\frac{3}{5} > \frac{4}{9}$$

方法二：把这两个分数与 $\frac{1}{2}$ 作比较。因为 $\frac{3}{5} > \frac{1}{2}$，$\frac{4}{9} < \frac{1}{2}$，所以 $\frac{3}{5} > \frac{4}{9}$。

方法三：先通分，化成同分母的分数，再比较。$\frac{3}{5} = \frac{27}{45}$，$\frac{4}{9} = \frac{20}{45}$；因为 $\frac{27}{45} > \frac{20}{45}$，所以 $\frac{3}{5} > \frac{4}{9}$。

方法四：化成相同分子的分数来比较。$\frac{3}{5} = \frac{12}{20}$，$\frac{4}{9} = \frac{12}{27}$；因为 $\frac{12}{20} > \frac{12}{27}$，所以 $\frac{3}{5} > \frac{4}{9}$。

但请注意，利用分数的基本性质化成分子相同的分数来比较分数的大小，虽然方法可行，但这不是通分。通分，是指把几个分母不同的分数（异分母分数）分别化成和原来大小相等的同分母分数，即它是对分母而言的。

另外，通过比较上述四种方法，我们可以发现方法一和方法二有局限性。若两个分数大小接近，通过画图不易看出大小关系；若两个分数都大于或都小于 $\frac{1}{2}$，也无法借助 $\frac{1}{2}$ 得出正确的结果。方法三和方法四虽都没有上述局限性，但显然方法三的结论"分母相同，分子大，分数就大；分子小，分数就小"思维顺畅，学生易记；而方法四的结论"分子相同，分母大，分数就小；分母小，分数就大"学生难记易错。所以，教学时通过对比，可引导学生用方法三，借助通分比较异分母分数的大小。🔄

53 "四表"教学应注意什么 >>

我是入职不到一年的新教师，教研活动时多次听老教师讲到"四表"这个词，虽然我在大学学的是数学与应用数学专业，但关于"四表"知之甚少，请告诉我："四表"指的是什么？教学时应注意什么？

Q

A

"四表"指"20以内加法表"（加法口诀表）"20以内减法表""表内乘法"（乘法口诀表）和相应的"表内除法"，前三表一般教材上有，"表内除法"教材上没有完整的，需教师整理。

20以内加法（45 + 36 = 81道）。10以内：从1到9都加1，从1到8都加2，从1到7都加3，……，从1到2都加8，1加9，共45道；20以内：从9加2到9加3、9加4……到9加9，从8加3到8加4……到8加9，从7加4到7加5……到7加9，……，从3加8到3加9、2加9，共36道。

20以内减法（45 + 36 = 81道）。10以内：从2到10都减1，从3到10都减2，……，从9到10都减8，10减9，共45道；20以内：从11到18都减9，从11到17都减8，……，从11到12都减3，11减2，共36道。

表内乘法（共81道），从1×1到9×9。表内除法（共81道），从1÷1到81÷9。

"四表"合起来共81×4 = 324道。当然，这是指"大四

第一部分 数与代数

表"，为了减轻学生的记忆负担，根据加法交换律、乘法交换律，可从中去掉部分相应的题目，变成"小四表"，现在教材和教学中的"四表"指"小四表"。

我们知道，有关多位数的加、减、乘、除，计算时都转化为 20 以内的加减法和表内乘除法，所以"四表"是多位数正确、熟练计算的基础。教学时，一要注意创设情境，激发兴趣；二要讲清含义，理解算理；三要适当练习，常练带练；四要注意习惯，培养思维；五要引导学生先算正确，再到熟练，最后达到脱口而出。

"四表"教学除了上述概括性的五条要求外，还要注意两点：一是训练时，注意突出重点。每表 81 道题目，从学生接受、掌握方面看有易有难。例如，表内加法，进位的难；表内减法，退位的难；表内乘法，大数乘小数的比小数乘大数的难；表内除法，商比除数小的比商比除数大的难。训练时不要平均用力，要有重点。二是记忆时，注意培养能力。从理解到记忆，从正确到熟练，最后达到脱口而出，在这个过程中切忌死记硬背，要引导学生从表中找关联、找规律、找结构，不光要培养学生的观察、记忆能力，还要培养学生的思考、表达能力。

"四表"教学，学问不小。🎔

一年级上学期期末质量检测中有如下图所示的一道题：

题目要求是圈一圈，算一算。全镇 753 名学生参与测试，约 80% 的学生作答如下：

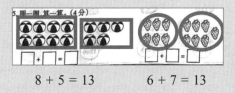

$$8 + 5 = 13 \qquad 6 + 7 = 13$$

评卷时，教师对本题争议很大，出现了以下三种观点。

观点一：题目中的图明显分成两份，学生这样做完全正确。

观点二：这道题重点考查学生对"凑十法"的理解，必须要圈成 10 个一组、3 个一组（下图），两题算式都应该是 $10 + 3 = 13$，其他做法均错。

观点三：本题的关键词是"圈一圈"，所以不管学生怎样圈，只要圈成两份，圈成几和几，算式中就写几加几，且最终答案为 13，都对。

一道题三种观点，孰对孰错？教师应如何处理？

就题目而言，只有"圈""算"两个要求，即只要圈出图形的个数和在方框中填出相应的数，并正确计算，判解题为正确应是可以的。当然，另有约定的除外。

有的教材在教学 20 以内进位加法例题时，通过"圈十"介绍"凑十法"，接着出示"圈一圈，算一算"的练习让学生以例为范，通过模仿练习加深对"凑十法"的理解和掌握，并无不妥。当然，作为质量检测题，要求学生用"凑十法"来解题，为避免歧义，指导语可改为：先圈出 10 个，再填一填，算一算，一共有多少个。🌑

如何教学用乘法口诀求商 >>

用乘法口诀求商,怎样教学能够更好地体现数学思维与活动经验?

用乘法口诀求商,以熟练表内乘法口诀为前提。达到这个要求,其实并不太难,记住带练、常练就行。

教学用乘法口诀求商,以教好想的方法为关键。例如,$12 \div 3 = ?$ 想三( )十二,三四十二,商是 4。又如,$24 \div 6 = ?$ 想( )六二十四,四六二十四,商是 4。学生想这一题的口诀时,会受到六几相乘口诀的干扰。教学时,有的教师启发学生先想六的口诀中,第一句是"六六三十六",因为 $36 > 24$,商 6 太大,所以就要从( )六三十、( )六二十四去想,得(四)六二十四,因此商应是 4。

用乘法口诀求商以学生达到脱口而出为目标。它是俗称"四表"中的表内除法,是除法运算的基础,达到脱口而出的目标是提高学生运算能力的基础。要达到这个目标,激趣、练习、不断积累经验必不可少。🕮

9，9，8，5 能算 24 点吗 >>

用 9，9，8，5 四个数能算出 24 吗？

A

"算 24 点"是在三、四年级小学生中普遍开展的一项数学益智游戏。开展这个游戏，教师可注意以下几点。

1. 明确游戏规则。（1）定牌数。可用去掉大小王的全副扑克牌，其中 A 代表 1，J 代表 11，Q 代表 12，K 代表 13。三、四年级小学生除了去掉大小王，一般还去掉 J、Q、K，只用 A—10 共四十张牌。（2）定运算。只用加、减、乘、除四种运算方法，列综合算式，若需加括号，可加括号。这一点很重要。如果运算方法扩展到第三级乘方、开方运算，9，9，8，5 就易得到 24，如 $\sqrt{9} \times 9 - 8 + 5 = 24$ 或 $\sqrt{9} \times \sqrt[3]{8} \times (9 - 5) = 24$。（3）定规则。可四人一组，理牌、分牌后，各人从自己的牌中任意拿出一张，谁先根据拿出四张牌牌面上的数算出 24（每张牌必须用到且只能用一次），本轮谁就获胜，如果计算结果得不到 24，就换牌再算，谁获胜次数多，谁最终取得胜利。

2. 注意总结策略。算"24 点"游戏的目的是通过活动加深学生对四则混合运算的认识，提高按运算顺序进行计算的能力，增强学习计算知识、练习计算技能的积极性。要引导学生用数学的思考不断发现、总结游戏获胜的策略。例如，因为 $24 = 2 \times 12 = 3 \times 8 = 4 \times 6$，所以要特别关注这些关键数，灵活用好"一三"或"二二"组合，进行计算。计算中还要利用有关 0、1 这两个数的特性。解决问题策略多样性、灵活性的提升，思维能力的提升，比胜负更重要。

3. 共享有关信息。关于"算 24 点"，网上有许多信息。例如，从一幅去掉大小王的 52 张牌中任取四张，共有 1820 种不同的组合，其中有 458 个组合算不出 24，如 1, 1, 1, 2。又如，在网页上输入四个牌数，可以立即得到结果，包括算 24 有解还是无解、有多少种不同的解法等。教师可利用这些信息技术提升课堂教学的效率和学生学习的兴趣。㊉

57

运算顺序一致吗 >>

教学"四则运算"时，练习册中出现了判断运算顺序是否一致的题目：$56 + 8 - 6$ 和 $56 \div 8 - 6$。有的老师认为运算顺序一致，有的老师认为第一题是从左往右计算，第二题是先算乘除法，再算加减法，运算顺序不一致。哪种说法是对的？

Q

86

A

加、减、乘、除四种运算称为四则运算。在一个算式中，含有加、减、乘、除四种运算中任意两种或两种以上的运算，叫作四则混合运算。其中，加法与减法叫作第一级运算；乘法与除法叫作第二级运算。括号是表示运算顺序的一种符号，它还能表示几个数或几种运算结合在一起，所以它又叫作结合运算符号。

如果在一个算式里没有括号，只有第一级或只有第二级运算，那么从左往右依次计算；如果在一个算式里没有括号，但既有第一级运算，又有第二级运算，那么应该先算第二级运算，再算第一级运算，就是"先乘除，后加减"；如果在一个算式里有括号，那么先算括号里面的；如果在一个算式里既有小括号，又有中括号，那么先算小括号里面的，再算中括号里面的。

$56 + 8 - 6$ 只有第一级运算，从左往右依次计算。$56 \div 8 - 6$ 既有第一级运算，又有第二级运算，先算第二级，再算第一级，即先算"$56 \div 8$"，再算"$- 6$"。当然，因为

"56÷8"在算式的左边,"- 6"在右边,所以它的运算顺序也是从左往右计算。

因此,两个算式的运算顺序在形式上是一致的,但使用的规则实质上是不一致的。🌀

58

连减算式的竖式写法 >>

人教版《数学》二年级上册第 27 页的例 1 中，给出了连加的竖式计算的简便写法，如下左式：

$$
\begin{array}{r}
28 \\
34 \\
+\ 22 \\
\end{array}
\qquad
\begin{array}{r}
84 \\
40 \\
-\ 26 \\
\end{array}
$$

那么，例 2 中的连减算式 84 − 40 − 26，能否参照例 1 中连加的简便写法，将其简写为上右式呢？

A

计算 28 + 34 + 22，可以用这样的竖式计算：

$$
\begin{array}{r}
28 \\
+\ 34 \\
\hline
62 \\
\end{array}
\qquad
\begin{array}{r}
62 \\
+\ 22 \\
\hline
84 \\
\end{array}
$$

也可以用简便一些的竖式（下左式）计算。

$$
\begin{array}{r}
28 \\
+\ 34 \\
\hline
62 \\
+\ 22 \\
\hline
84 \\
\end{array}
\qquad
\begin{array}{r}
28 \\
34 \\
+\ 22 \\
\hline
84 \\
\end{array}
$$

当然，也可以用更简便的竖式（上右式）计算。

计算 84 − 40 − 26，一般用这样的竖式计算：

$$
\begin{array}{r}
84 \\
-\ 40 \\
\hline
44 \\
\end{array}
\qquad
\begin{array}{r}
44 \\
-\ 26 \\
\hline
18 \\
\end{array}
$$

而用下左式计算,学生容易出错。

$$
\begin{array}{r}
84 \\
40 \\
- \ 26 \\
\hline
\end{array}
\qquad
\begin{array}{r}
81 \\
28 \\
- \ 29 \\
\hline
\end{array}
$$

特别是用这样的竖式（上右式）计算 81 − 28 − 29 这类题目时,要向十位借 2,学生更容易出错。而且,到学习加减混合运算时,如果学生也写成这样的竖式进行计算,那就麻烦更大、出错的概率更高了。🔺

一问：人教版《数学》三年级下册"两位数乘两位数"的"做一做"：一本书，一页有 23 行，每行约有 22 个字，一页大约有多少个字？此题是精确计算还是估算？是不是问题中出现了"大约"的字眼，就要估算？

二问：青岛版《数学》二年级下册第 26 页的第 1（2）题：胶州湾海底隧道是我国目前最长的海底隧道，它分为陆上与海底两部分，其中海底部分长 3950 米。海底部分大约长（　　）米。（1）3900；（2）4000。选哪个更合适？

Q

A

我们知道：如果一个数能确切地表示一个量的真正值（准确值），那么这个数叫作准确数，求准确数的计算叫作精确计算；近似地表示某个量的准确数的数叫作近似数，求近似数的计算叫作近似计算。近似计算按照一定的规则进行计算，计算结果的误差不能超过允许的范围。估算，即大致推算，一般指根据实际需要、具体条件和要求，粗略地求出结果的计算。

精确计算得到的是精确数，近似计算得到的是误差不超过指定范围的近似数，估算得到的是粗略的计算结果。估算的方法和策略是灵活多样的，它没有精确度的硬性要求，关键是结合具体情境和题目的要求选择适当的单位，合理地确定估算的上界或下界。一般而言，估算的结果是多元的，没有对与错，只有好与差之分。所以，海底部分答

"大约 4000 米"或"大约 3900 米"都可以。至于"一页大约有多少个字",此题还是应该属于精确计算,因为"大约"并不是一个具有严格意义的数学术语,题中有"大约"的不一定都是估算,它有时表达无法精确的计算,有时表达估算,有时表达可以精确的计算。(请参阅《课程·教材·教法》2013 年第 1 期《"估算"在数学课程中的矛盾分析》一文)这题中的"大约"只是承接前句中的"约",所以这里应该属于精确计算。🈵

口算除法教学如何讲清算理 >>

四年级上册口算除法教学中,要让学生借 $8 \div 2 = 4$ 理解 $80 \div 20 = 4$,该如何讲清楚其中的算理?

A

整十数除以整十数的口算算理,一般可用两种方法讲。一种是想乘算除,因为 4 个 20 是 80($20 \times 4 = 80$),所以 $80 \div 20$ 等于 4($80 \div 20 = 4$)。另一种可以从数的组成(计数单位)角度讲,80 是 8 个十,20 是 2 个十,8 个十里面有几个 2 个十呢? 有 4 个($8 \div 2 = 4$),所以 80 除以 20 等于 4($80 \div 20 = 4$)。当然,教学时也可以结合实例,通过直观操作(示意图)或推理让学生理解算理、掌握算法。❀

61 比较积和因数的大小有意义吗 >>

两个数相乘是二维空间，积和其中的一个因数从维度上来讲是不一样的，比较积和因数的大小有意义吗？（下图）

在下面的 ☐ 里填入符号 ">"、"<" 或 "="：

如果两个因数都大于 0，那么：

一个数乘大于 1 的数，积 ☐ 原来的数；

一个数乘小于 1 的数，积 ☐ 原来的数；

一个数乘等于 1 的数，积 ☐ 原来的数．

比较积和因数的大小是有意义的。其一，小学里研究的数的运算和结果一般都在同一个"空间"里进行，不像研究量的运算和结果。其二，如题，通过判断填写符号，既可以让学生进一步理解积和因数的关系，又可以让学生知道如果两个因数都大于 0，那么：一个数乘大于 1 的数，积大于原来的数；一个数乘小于 1 的数，积小于原来的数；一个数乘等于 1 的数，积等于原来的数，为后续学习估算、验算、计算等知识打下基础。

人教版《数学》三年级下册第二单元学习除数是一位数的除法。教材安排先学习口算除法，接下来学习笔算除法。受口算除法迁移的影响，学生作业中常常出现如下的除法竖式书写形式：

$$\begin{array}{r} 34 \\ 2\overline{\smash{\big)}68} \\ \underline{68} \\ 0 \end{array}$$

教学中，如何说清笔算除法的竖式要分层书写的道理，并让学生乐意接受呢？

小学数学教学
疑难答问

学生初学笔算除法时，出现这样的竖式书写形式是可以理解的，主要原因是受表内除法用竖式书写均不需分层的影响。为了改善这种情况，可参阅《小学数学教师》2021年增刊第23页《把课想明白，再教明白——"两位数除以一位数"教学思考与实践》一文，应有启发。另外，教学时还可注意以下几点。

1. 结合实例，通过操作和对比讲清算理，并作如下适当的练习（详见苏教版《数学》三年级上册第50、51页）。

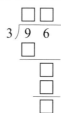

2. 除数是一位数的除法法则是：从被除数的高位除起，一位不够除就看两位；除到哪一位，商就写在那一位上面；每次余下的数要比除数小。从教这个内容第一道例题起就应框在这个法则里讲，学生就不易出现上述错误。

3. 有的教师根据学生的实际情况给出"一商""二乘""三减""四移"的竖式书写操作顺序，也可作参考。

4. 当这个单元出现首位不能整除的例题时，通过对比学生一般就能理解笔算除法竖式必须分层书写的道理，且乐于接受。

63

整数笔算除法竖式的表达式为什么用"厂字分层式" >>

整数笔算加法、减法和乘法竖式的表达式基本相同，采用的都是俗称的"对位叠加式"。为什么笔算除法竖式的表达式除了与加法、减法和乘法竖式一样，都体现计数单位的运算外，书写形式上与它们都不同，采用的是俗称的"厂字分层式"？

Q

整数笔算加法、减法、乘法和除法的竖式产生于运算的需要，是人类长期运算实践的智慧结晶。它既能合理地呈现运算步骤，又能表达相应的算理，反映不同运算的特点，正确地算出结果。它的本质一是简化，所有的加减法都可以归结为 20 以内的加减法，所有的乘法都可以归结为表内乘法和简单的加法，所有的除法都可以归结为表内除法和简单的乘法与减法；二是程序化，笔算加、减、乘、除竖式计算，先算什么，再算什么，最后算什么，按部就班，程序明确，操作有序，学生易学易掌握。

因为笔算加法、减法和乘法的计算结果都只需一个数据表达，所以用"对位叠加"的形式就可以合理、正确地呈现运算过程和结果。例如：

$$\begin{array}{r} 123 \\ +\ 456 \\ \hline 579 \end{array} \qquad \begin{array}{r} 456 \\ -\ 213 \\ \hline 243 \end{array} \qquad \begin{array}{r} 312 \\ \times\ 45 \\ \hline 1560 \\ 1248\ \ \\ \hline 14040 \end{array}$$

　　而除法计算比较复杂，有的只需一步，可以用一个数表达计算结果；有的则不然，需几步，且在计算过程中有商、有余数，用两个数据才能呈现计算的过程和结果。所以，前者应该可以采用加法、减法和乘法的"对位叠加"的竖式计算，

如 $\begin{array}{r} 25 \\ \div\quad 5 \\ \hline 5 \end{array}$，$\begin{array}{r} 369 \\ \div\quad 3 \\ \hline 123 \end{array}$；后者则不行，人们经过长期实践，发现用"厂字分层式"的表达形式能合理、正确地呈现运算过程和结果。例如，76÷3，如果用"对位叠加"计算（下左图），过程和结果都难以合理呈现，而用"厂字分层式"（下右图）就能合理、清楚、正确地表达计算过程、算理和结果。

$$\begin{array}{r} 76 \\ \div\quad 3 \\ \hline 25 \end{array} \qquad \begin{array}{r} 25\ \ \\ 3\overline{)\ 76\ } \\ \underline{6}\quad \\ 16 \\ \underline{15} \\ 1 \end{array}$$

　　统一起见，所有的除法笔算竖式都采用"厂字分层式"，实践证明是一个好办法。当然这会给教学带来一定的困难，怎样防止负迁移，怎样引导学生通过自主探索、合作交流来理解"厂字分层式"的算理和算法，教师可不断创新和探索。❀

64

"先商后点"还是"边商边点" >>

计算除数是整数的小数除法，如 4.26 ÷ 3 = 1.42，商中的小数点是"先商后点"还是"边商边点"历来有争议，我主张"先商后点"，行吗？

我的理解："先商后点"，即先按照整数除法进行计算，把 4.26 ÷ 3 看作 426 ÷ 3，得到商后再在商的合适的位置（对齐被除数的小数点）点上小数点。

"边商边点"，即边讲算理边计算：从高位除起，把 4 个 1 平均分成 3 份，商 1 余 1；余下的 1 和 2 个 0.1 合起来是 12 个 0.1，把 12 个 0.1 平均分成 3 份，应商 4，是 4 个 0.1，所以应在商的整数部分"1"和小数部分"4"之间点上小数点，也就是对齐被除数的小数点，在商中点上小数点；再继续除。

$$
\begin{array}{r}
1.42 \\
3\overline{)4.26} \\
\underline{3} \\
1.2 \\
\underline{1.2} \\
6 \\
\underline{6} \\
0
\end{array}
$$

比较这两种教法，"先商后点"教师易讲，但学生难理解算理；"边商边点"算理清晰，但过程稍复杂。我主张讲例题时采用"边商边点"的方法，讲清算理，揭示算法，待学生理解算理后，计算练习时"先商后点""边商边点"均可。

　　一次教研活动,内容是除数是小数的除法,整理师生用语如下:把除数 0.24 转化成整数,去掉 0.24 的小数点,使它变成整数;因为去掉了 0.24 的小数点,要使商不变,被除数 1.8 的末尾要添上一个 0;因为除到被除数的末尾仍有余数"12",所以要在余数后面补上一个"0"再继续除。这段话里的"去掉""添上""补上"用得对吗?

$$\begin{array}{r} 7.5 \\ 0.24\overline{)1.80} \\ \underline{1\ 68} \\ 120 \\ \underline{120} \\ 0 \end{array}$$

　　计算除数是小数的除法,关键是把除数转化成整数。转化的依据是商不变的规律,即被除数和除数同时乘或除以相同的数(0 除外),商不变。转化的方法是移动除数(0.24)的小数点,使它变成整数,同时被除数也要扩大相同的倍数,当被除数的小数点向右移动位数不够时,要在被除数的末尾用"0"补足。所以,上述说法中,"去掉"应改为"移动",1.8 的末尾"添上"一个 0,"'添上'一个 0"应改为"补 0"。"补 0"的依据是商不变的规律,"补 0"的个数等于除数的小数位数减去被除数的小数位数。而当除到被除数的末尾仍有余数"12"时,根据除数是整数的小数除法的法则,可在"12"后面添 0 继续除,它的依据是小数的性质和题目的要求,所以此处用"添 0"而不用"补上"。注意:"补 0"的个数在补之前就可知,而"添 0"的个数要除下去才知道。

　　用语严谨是数学表达的需要!

求最大公因数的困惑 >>

很多教师在教学"用短除法求最大公因数(最小公倍数)"时,对于是否可以用合数去除存在质疑。一种观点认为可以,理由是:不影响结果的正确性,并且简单。另一种观点认为不可以,理由是:求最大公因数(最小公倍数)与分解质因数本质相同,用合数去除,容易导致学生认知的混淆。

究竟哪种要求更符合短除法的数学本质呢?

求解自然数的最大公因数,一般的方法有列举法、分解质因数法(短除法)和辗转相除法。在小学里,因数据简单,故现有教材大多采用列举法,分解质因数法(短除法)一般仅作简单介绍。

用分解质因数法(短除法)求几个自然数的最大公因数,可以先把每个自然数分别分解质因数。例如,求 12、18 和 24 的最大公因数,可操作如下:

$$
\begin{array}{r}
2\,\underline{)\,12} \\
2\,\underline{)\,6} \\
3
\end{array}
\qquad
\begin{array}{r}
2\,\underline{)\,18} \\
3\,\underline{)\,9} \\
3
\end{array}
\qquad
\begin{array}{r}
2\,\underline{)\,24} \\
2\,\underline{)\,12} \\
2\,\underline{)\,6} \\
3
\end{array}
$$

为了书写简便,还可以写成如下形式:

$$
\begin{array}{r}
2\,\underline{)\,12 \quad 18 \quad 24} \\
3\,\underline{)\,6 \quad\ \ 9 \quad\ 12} \\
2 \quad\ \ 3 \quad\ \ 4
\end{array}
$$

所以,(12, 18, 24) = 2 × 3 = 6。

利用这种方法求最大公因数时，不是必须用公有的质因数去除，如果很容易看出较大的公因数，也可以直接用较大的公因数去除。例如，上题也可直接用 6 除。又如，求 24、36 的最大公因数，可以先用 6 除，再用 2 除。

求几个自然数的最小公倍数，一般方法有列举法、分解质因数法（短除法）和利用最大公因数法（利用最大公因数法仅限于求两个数的最小公倍数，方法是用这两个数的积除以它们的最大公因数）。当然，和求最大公因数一样，现有小学数学教材大多采用列举法。

用分解质因数法（短除法）求几个自然数的最小公倍数，一般是先把各个自然数分解质因数，再把这几个自然数一切公有的质因数、其中几个数公有的质因数以及每个数独有的质因数全部连乘起来，所得的积就是最小公倍数。这里请注意，因为它除了一切公有的质因数外，还需连乘几个数公有的质因数以及每个数独有的质因数，所以用分解质因数法（短除法）求最小公倍数时，可以用这几个自然数的一切公因数连续去除，也可以用某几个自然数的公因数去除，但这里的公因数必须是质数，不能是合数，一直除到所有商两两互质为止。然后把所有的除数和商连乘起来，所得的积就是这几个自然数的最小公倍数。例如，求 12、18 和 24 的最小公倍数如下：

$$
\begin{array}{r|rrr}
2 & 12 & 18 & 24 \\
\hline
3 & 6 & 9 & 12 \\
\hline
2 & 2 & 3 & 4 \\
\hline
& 1 & 3 & 2
\end{array}
$$

所以，$[12, 18, 24] = 2 \times 3 \times 2 \times 1 \times 3 \times 2 = 72$。

因为在求最小公倍数时，可以用某几个自然数的公因数去除（求两个数的最小公倍数不存在这种情况），所以为

了防止发生如右图所示的错误，这
里规定必须要用质数去除，而不能
用合数去除。而在求最大公因数
时，因为必须用所有数的公因数去
除，所以不会出现上述错误。

12	12	18	24
2	1	18	2
	1	9	1

　　出于这个缘故，统一起见，同时为了防止学生产生认知
混淆，在教学求最大公因数时，也就不提可以用合数去除
了。其实，除了求三个及以上自然数的最小公倍数必须用质
因数去除，其余求最大公因数或最小公倍数的情况都可以用
合数去除。但为了减少小学生理解和记忆的负担，保证求解
的正确性，统一规定用公有的质因数去除是明智之举。⚙

67　两个质数的最小公倍数是它们的乘积吗 >>

"两个质数的最小公倍数是它们的乘积。"有的教师认为这个判断题的答案是"×"，因为题目没有说明这两个质数是不同的。有的教师认为答案是"√"，因为题中所说的两个质数肯定是指两个不同的质数，若相同，根本没有讨论和研究的价值。也有的教师认为此题出得不好。

这句表述究竟对不对？

Q

　　显然，如果这道题目叙述为"两个不同的质数的最小公倍数是它们的乘积"，答案肯定不会引起争议。但也不能说此题出得不好，因为如果命题者的目的就是要通过这道题目的练习让学生提高审题能力，分析"两个质数"在不同的情况下的正确答案，也未尝不可。当然，也不能绝对地说这道题目的答案是"×"，因为如果解题前命题者已作了相应的说明，这里的"两个质数"指"两个不同的质数"，答案就是"√"。所以，对阅卷者而言，在分析背景后作出正确的判断，可能更符合实际；对命题者而言，进行数学命题时用词的严谨性应该引起注意。🜨

第一部分　数与代数

> 我在教学"乘法分配律"一课时发现，学生会将乘法分配律和乘法结合律这两种运算律混淆。例如，计算 $25 \times 32 \times 125$ 时，算成 $25 \times 4 + 8 \times 125 = 100 + 1000 = 1100$，这是受后摄抑制的影响；而计算 $(40 + 4) \times 25$ 时却算成 $40 \times 25 \times 4 = 40 \times 100 = 4000$，这又是受前摄抑制的影响。这种前、后摄抑制互相干扰造成的错误该如何避免呢？

A

学生计算时产生上述错误的主要原因是没有真正理解乘法分配律。

乘法分配律涉及乘法和加法两种运算，且语言和文字叙述比其他运算律复杂一些，小学生接受起来有一定困难。教学时，一定要让学生通过比较实例，自主发现等号两边数和符号的特点，以及算式的基本结构特征：三个数相同，计算结果相等；计算符号有加有乘，左边是先求和再求积，右边是先分别求出两个积，再求和。并且让学生通过交流整理，自主归纳出"两个数的和与一个数相乘，可以先把这两个数分别与这个数相乘，再相加"。当然，记住字母公式则简单得多。另外，注重练习，特别是设计一些变式练习，如变个数（2 个数变为 3 个、4 个数），变符号（加法变为减法，学了分数后，可以乘法变为除法），还可以变相同数（如 $0.99 \times 25 + 9.9 \times 7.5$），让学生在练习中对乘法分配律从工具性理解逐步达到关系性理解的水平。

五年级复习运算定律和运算性质，有小朋友问：为什么加法和乘法的叫运算定律，而减法和除法的叫运算性质？教师该如何解释？定律、性质的区别是什么？

严格地讲，定义在某个集合上的运算所具有的性质，叫作这种运算的"运算性质"。可推导出其他运算性质的那些运算性质叫作"运算定律"。显然，运算定律是基本的、最重要的运算性质，是运算体系中具有普遍意义的规律，也是运算理论中确定的、最基本的事实，可以看作是公理，以此作为推理的依据。

根据运算定律来证明运算性质，又根据运算性质来阐明运算法则的正确性，并可作为验算的依据，善于运用运算律还可以使算法合理、灵活、简便。

小学阶段教学的加法交换律、结合律，乘法交换律、结合律和乘法对加法的分配律，是最基本的运算性质，即运算定律。其他的运算性质都可以根据这些运算定律以及运算的定义推出。

例如，除法的一个运算性质：一个数除以两个自然数的积，等于这个数依次除以积的两个因数，即 $a \div (b \times c) = a \div b \div c$。

根据除法定义，只要验证商（$a \div b \div c$）与除数（$b \times c$）的积等于被除数（a），这个性质就得到了证明。证明过程如下：

因为

$(a \div b \div c) \times (b \times c)$

$= (a \div b \div c) \times c \times b$ （乘法交换律、结合律）

$= [(a \div b) \div c] \times c \times b$ （运算顺序的规定）

$= (a \div b) \times b$ （除法定义推论）

$= a$ （除法定义推论）

所以 $a \div (b \times c) = a \div b \div c$。 （除法定义）

为什么选这道例题 >>

苏教版《数学》关于小数四则混合运算和分数四则混合运算编排了同一类型（"乘加乘"）的例题：

五年级上册第 76 页：$6.5 \times 3.8 + 3.5 \times 3.8$；

六年级上册第 75 页：$\frac{2}{5} \times 18 + \frac{3}{5} \times 18$。

教材为什么这样编排？

Q

我们知道，整数三步计算的四则混合运算，教材一般会安排三道例题。例 1，教学没有括号的四则混合运算，有乘、除法和加、减法，要先算乘、除法，再算加、减法；例 2，教学算式里有括号的四则混合运算，要先算括号里面的；例 3，教学在一个算式里既有小括号，又有中括号的四则混合运算，要先算小括号里面的，再算中括号里面的。

小数、分数四则混合运算有整数四则混合运算作基础，其实只需解决两点即可：1. 运算顺序与整数相同；2. 整数运算律对于小数、分数四则混合运算同样适用。这两点用上面的"乘加乘"结构算式作为例题，就可以解决了。

从整数、小数、分数四则混合运算教材编排的整体性和运算方法及顺序的一致性角度分析这部分教材内容，用这个类型的例题确实好。🐛

第一部分 数与代数

答案是几 >>

近日，网上流传一个话题：一次考试有一题为"8 加 8 除 4 等于几"，一优秀生得 98 分就是因为错了这题，被扣 2 分。家长看了孩子的解答"$(8+8)÷4=4$"，认为没有错。经教师说明学生没有注意"除"和"除以"的区别，此题列式应为"$4÷(8+8)=\dfrac{1}{4}$"，才恍然大悟。此题答案到底是几？

"除"和"除以"确有区别。a 除 b（$a≠0$），列式为 $b÷a$；a 除以 b（$b≠0$），列式为 $a÷b$。其实，此题命题不够严谨。8 加 8 除 4 等于几，既可理解为 8 加 8 的和除 4，商等于几，也可理解为 8 加 8 除 4 的商，和等于几。前者答案为 $4÷(8+8)=\dfrac{1}{4}$，后者答案为 $8+4÷8=8\dfrac{1}{2}$。

验算还重要吗 >>

求学阶段两场大型数学考试——中考数学、高考数学，绝大多数学生反映试卷题多量大，来不及做，根本没有时间验算。所以有些教师认为，验算教学根本无需强调，没有原来重要了。

验，有察看、查考的意思。小学数学教学中与"验"有关的教学主要有：1. 验算，即算题做好后再用另一种方法演算一遍，查看已得的运算结果是否正确。例如，乘法运算后用逆运算除法进行验算，看乘法的积除以一个因数是否等于另一个因数。2. 检验，即在实际问题列式、计算、解答后，写答语前，检查列式是否符合题意，验算结果是否正确。3. 验证，即对于发现的数学规律、性质等，通过检验予以证实。所以验算很重要，教学应引起重视，其要点主要有三条。

1. 教给方法。除了教给学生一般的验算方法外，还要结合实例让学生知道具体的注意点。例如，四则混合运算需一步一验，免得一步错、结果错。用不完全归纳法验证从实例中发现的数学规律时，要从一例到多例，还需看看有没有反例。这些都是管用的好方法。

2. 逐步优化。验算方法多样，要注意优化。可边做边验，视算、口算、简算、速算、估算都可以，逐步达到既对又快。

3. 养成习惯。要让验算逐步变成学生的自觉行为。🔼

第一部分　数与代数

73 关于列举的困惑 >>

有这样一道题：填上两个合适的自然数，使等式（　　）+（　　）= 10 成立。此题主要的教学目标是使学生学会有序思维。为了保证学生能不重不漏地找到所有答案，课上我带领学生通过列表，将所有数组一一列出。我的问题是：交换两个加数的位置，如 4 + 6、6 + 4，这是否是同一种情况？都要在表格中列出吗？换言之，要让学生列举到怎样的程度？

A

从培养有序思维的角度考虑，带领学生通过列表将所有数组一一列出确是一个好办法，答案的表达形式可以有 0、10，1、9，2、8，3、7，4、6，5、5，6、4，7、3，8、2，9、1，10、0，共 11 种（交换两个加数的位置在这里可视作两种），因为只需符合题目的两个条件："两个合适的自然数"和"使等式（　　）+（　　）= 10 成立"。

对于一年级学生，如果将题目改为"10 可以分成几和几"，因为把 10 分成 6 和 4 与分成 4 和 6 实质上是一种分法的两种表达方式，所以可视作一种方法，那么答案为 10 可以分成 1 和 9、2 和 8、3 和 7、4 和 6、5 和 5，共 5 种。这样的要求不影响学生掌握 10 的分与合，既可减轻学生的记忆负担，又可提升根据一种分法的表达推想出另一种关联分法的表达方式的能力。

分数乘法的意义和算法 >>

乘法的意义是求几个相同加数的和的运算。但是对于分数乘法，如 $15 \times \frac{1}{3}$、$\frac{1}{2} \times \frac{1}{3}$，如何从整数乘法意义和算法的角度来理解？

传统教材中区分"乘"和"乘以"，分数乘法的意义分为以下两种情况：

1. 分数乘整数的意义。分数乘整数的意义与整数乘法的意义相同，就是求几个相同加数和的简便运算，以及求一个数的几倍是多少。例如，$\frac{1}{3} \times 15$ 这个算式的意义是：① 15 个 $\frac{1}{3}$ 的和是多少；② $\frac{1}{3}$ 的 15 倍是多少。

2. 一个数乘分数的意义。一个数乘分数的意义就是求这个数的几分之几是多少（当乘数是带分数时，意义就是求一个数的几又几分之几倍是多少）。例如，$\frac{1}{2} \times \frac{1}{3}$ 的意义是求 $\frac{1}{2}$ 的 $\frac{1}{3}$ 是多少；$15 \times \frac{1}{3}$ 的意义是求 15 的 $\frac{1}{3}$ 是多少；$\frac{1}{2} \times 1\frac{1}{3}$ 的意义是求 $\frac{1}{2}$ 的 $1\frac{1}{3}$ 倍是多少。

现行教材不再区分"乘"和"乘以"，且为了降低学生理解上的困难，淡化了分数乘法的意义，但一般还是分"分数和整数相乘"与"分数和分数相乘"两块内容进行教学。教学时建议结合实例，紧扣分数的意义，借助直观图让学生理解分数和整数相乘与整数乘法意义相同，是求几个相同分数的和，因而可以用乘法计算。分数和分数相乘是整数乘法意义的扩展，是求一个数的几分之几是多少，也可以用乘法计算。

　　教材具体处理方法，可参考苏教版《数学》六年级上册第二单元"分数乘法"的有关内容。🔚

75 **它们的意义一样吗 »**

例题：装一个红沙包需要 60 克玉米，装一个绿沙包所需的玉米是红沙包的 $\frac{3}{4}$，装一个黄沙包所需的玉米是绿沙包的 $\frac{7}{9}$。装一个黄沙包需要多少克玉米？列式为 $60 \times \frac{3}{4} \times \frac{7}{9}$。

问：算式中的 $\frac{3}{4}$ 和 $\frac{7}{9}$ 是否可以调换位置？意义有什么不同？

Q

根据现行小学数学教材，"a 个 b" 既可以写成 $a \times b$，也可以写成 $b \times a$，在读算式时，不出现"乘以"这个词，$a \times b$ 读作 a 乘 b，$b \times a$ 读作 b 乘 a。教材也不出现"被乘数""乘数"，统称为"乘数"。教学分数乘法，目前教师一般都会结合实例说明分数与整数相乘，就是求几个相同分数的和的运算；分数与分数相乘，就是求一个数的几分之几是多少。所以，是否可以这样理解：

1. 算式 $A \times \frac{b}{a}$ 与 $\frac{b}{a} \times A$（$a \neq 0$）都可以理解为"求 A 个 $\frac{b}{a}$ 是多少"或"求 A 的 $\frac{b}{a}$ 是多少"。

2. 算式 $\frac{b}{a} \times \frac{d}{c}$ 与 $\frac{d}{c} \times \frac{b}{a}$（$a \neq 0, c \neq 0$）都可以理解为"求 $\frac{b}{a}$ 的 $\frac{d}{c}$ 是多少"或"求 $\frac{d}{c}$ 的 $\frac{b}{a}$ 是多少"。

第一部分　数与代数

3. 算式 $A \times \dfrac{b}{a} \times \dfrac{d}{c}$ 与 $A \times \dfrac{d}{c} \times \dfrac{b}{a}$（$a \neq 0$，$c \neq 0$）也都可以理解为"求 A 的 $\dfrac{b}{a}$ 的 $\dfrac{d}{c}$ 是多少"或"求 A 的 $\dfrac{d}{c}$ 的 $\dfrac{b}{a}$ 是多少"。

当然，以上都是"数学化"后从抽象算式意义层面来解读算式。如果联系实例（如上例），教师一般会让学生分步解答，先求出装一个绿沙包所需玉米的克数：$60 \times \dfrac{3}{4} = 45$（克）；再求出装一个黄沙包所需玉米的克数：$45 \times \dfrac{7}{9} = 35$（克）；然后要求学生根据分步列式列出综合算式：$60 \times \dfrac{3}{4} \times \dfrac{7}{9}$。如果学生中出现 $60 \times \dfrac{7}{9} \times \dfrac{3}{4}$ 这样的算式，据我所知，有的教师会根据答案或仅从抽象算式的角度批对，也有个别教师要求学生根据算式联系题意订正。我建议：当学生列出 $60 \times \dfrac{7}{9} \times \dfrac{3}{4}$ 的算式，教师可面批，先请学生说说列式的理由，如果学生能说出算式 $60 \times \dfrac{7}{9} \times \dfrac{3}{4}$ 也可理解为 $60 \times \dfrac{3}{4} \times \dfrac{7}{9}$，即根据题目的条件可先求出装一个绿沙包所需玉米的克数，再求出装一个黄沙包所需玉米的克数，可批对；如果说不清列式的理由和意义，教师可引导学生根据题意先分步列式，再写成综合算式 $60 \times \dfrac{3}{4} \times \dfrac{7}{9}$。这样做方便学生联系实例说理由，或者根据运算律先将算式改写成 $60 \times \dfrac{3}{4} \times \dfrac{7}{9}$，再联系实例说理由。

$5\times(36-29)$，有的学生读作 5 乘 36 与 29 的差，有的学生读作 5 乘 36 减 29 的差。大家对这两种读法有何看法？关于算式的读法应该怎样教学？

Q

读算式的一般要求是正确地读出算式所表示的意义和运算顺序。上面两种读法严格地讲都应改进，因为这两种读法除了可理解为 $5\times(36-29)$ 这个算式外，还可以理解为 $5\times36-29$。所以，上面这个算式应该读作：5 乘 36 与 29 的差，积是多少？其实，这就是俗称的文字题。

文字题一般可分为同级运算的文字题和非同级运算的文字题两大类。

（1）同级运算的文字题。例如，328 加 123 与 78 的差，和是多少？

$$328+(123-78)$$

又如，最小的三位数与最大的两位数的积是 45 的多少倍？

$$100\times99\div45$$

（2）非同级运算的文字题。例如，3.6 除 1.6 的商加上 5.4 乘 $\dfrac{5}{9}$ 的积，和是多少？

$$1.6\div3.6+5.4\times\dfrac{5}{9}$$

第一部分 数与代数

115

又如，5.68 除以 0.8 的商，乘 0.1 与 $\dfrac{1}{100}$ 的差，积是多少？

$$\left(5.68 \div 0.8\right) \times \left(0.1 - \dfrac{1}{100}\right)$$

关于算式读法的教学，主要应注意以下几点：

1. 要让学生真正理解加、减、乘、除，和、差、积、商等词语的含义，这是正确读算式的前提。

2. 读算式除了应注意语法正确外，还应注意缩句后的关键词所构成的意义是否符合题意，其实这也是检查读法是否正确的最好方法。

3. 适当的练习是让学生学会读算式的必要手段。练习可分为两种类型：（1）读算式，如 $\left(\dfrac{1}{5} + 5\right) \div \left(10 - 3\dfrac{1}{2}\right)$ 读作：$\dfrac{1}{5}$ 与 5 的和，除以 10 与 $3\dfrac{1}{2}$ 的差，商是多少？也可以读作：10 与 $3\dfrac{1}{2}$ 的差除 $\dfrac{1}{5}$ 与它的倒数的和，商是多少？（2）写算式，如 $2\dfrac{1}{2}$ 除以 $2\dfrac{1}{10}$ 与 2.09 的差，商是多少？写作：$2\dfrac{1}{2} \div \left(2\dfrac{1}{10} - 2.09\right)$。

在教学加法的结合律时，青岛版教材中的例题是黄河上游、中游、下游的流域面积和长度。学生提出的问题是黄河全长多少米。解答时，学生自然而然地用上游的长度加中游的长度再加下游的长度，全部都列出 3470 + 1210 + 790 这个式子。在引导学生先算中、下游的长度，再加上游的长度时，学生有些纳闷：为什么要这么算？所以，我觉得用这个方法引出加法结合律有些牵强和生硬。不知如何讲解会有更好的效果？

Q

关于加法结合律，人教版教材中的情境是李叔叔骑自行车旅行（表格呈现）：第一天骑了 88 千米，第二天骑了 104 千米，第三天骑了 96 千米，求这三天李叔叔一共骑行了多少千米。苏教版教材用的情境是学生操场活动（图画呈现）：操场上有 28 个男生跳绳，17 个女生也在跳绳，还有 23 个女生在踢毽子，求跳绳和踢毽子的一共有多少人。从以上三种教材设计的情境和编排中，我们可以感悟到，讲加法结合律一般可以按如下过程进行。

1. 通过实例引入算式。

2. 结合题意讲解算法。例如，人教版出示了：

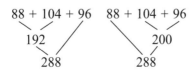

苏教版出示了：

先算出跳绳的有多少人。	先算出女生有多少人。
（28 + 17）+ 23	28 +（17 + 23）
= 45 + 23	= 28 + 40
= 68（人）	= 68（人）

3. 比较算式，发现规律。让学生比较运算顺序和结果（包括教材提供的其他算式和学生自己列举的算式），发现先把前两个数相加或者先把后两个数相加，和不变的规律。

4. 验证规律，符号表示。

5. 练习巩固，发展提高。

这样讲解，实践证明效果较好。🔺

Q

省略乘号相当于默认加上了括号吗？例如，$15 \div 3x = 45$，其中的 $3x$ 省略了乘号，是不是就默认为先算乘法，将 3 与 x 看作一个整体？可教材上没有相关的论述。如果按照四则运算的顺序，应该先算除法，得到 $5x = 45$。对于这个问题，我们老师之间存在争议，请专家指导。

这个方程的左边 $15 \div 3x$，在小学里从形式上讲可以理解为 $15 \div 3 \times x = 5x$，也可以理解为 $15 \div 3x = \dfrac{15}{3x} = \dfrac{5}{x}$。列方程解的结果应为前者还是后者，教材上的确没有相关的论述。其实，教材上也没有这一类题目，那只能由拟题者自己解读是前者还是后者了。实际上，这类题目不宜在小学里出现。

到了中学，学生理解了代数式（包括一般写法）、单项式、多项式、整式、分式等概念，掌握了数和式的有关运算法则，知道了加减混合运算可统一为加法运算，乘除混合运算可统一为乘法运算等知识后，就能知道这个方程可写成 $\dfrac{15}{3x} = 45$，这样结果就不会出现争议了。🅐

五年级第二学期学习分数的加减计算时,学生通分求得的几个分数的公分母不是最小公倍数时,该怎么办?

Q

A

　　整数、小数、分数的加减计算法则,均是相同的计算单位才能相加减。分母不同的分数(异分母分数)相加减,因为分数单位不同,即计数单位不同,所以要先通分,即化成和原来相等的同分母分数,使其分数单位相同,再加减。通分时,一般用原来几个分母的最小公倍数作公分母,这样计算较简单,不易出错。例如,$\frac{1}{6} + \frac{4}{9} = \frac{3}{18} + \frac{8}{18} = \frac{11}{18}$。如果不用 6 和 9 的最小公倍数 18 作公分母,如用 36 作为它们的公分母,虽也能计算出正确的结果,但既烦琐又易出错 $\left(\frac{1}{6} + \frac{4}{9} = \frac{6+16}{36} = \frac{22}{36} = \frac{11}{18} \right)$。

　　学生初学时会出现这样的情况,应该认为正确,但通过比较,引导他们明白用最小公倍数作公分母的道理,应该能逐步得到纠正。

80 计算单元如何做好复习 >>

六年级第一学期学习分数乘除法以及分数的四则混合运算,这样的计算类单元复习往往比较枯燥,怎样帮助学生有效复习? 有哪些注意事项?

A

分数乘除法以及分数四则混合运算是小学数学计算教学中的重要内容,复习时一般应注意以下几点。

1. 法则。要让学生自己整理分数加减法和乘除法的计算法则,并结合实例说说算理。当然,让学生熟练掌握 0、1 在分数运算中的一些规律,有助于学生正确、迅速地计算。

2. 顺序。要让学生掌握分数四则混合运算的顺序,整理已经学过的有关加法、乘法的运算律。还应结合实例,让学生记住在分数乘除混合运算中,先化除为乘,可一次约分;在加减混合运算中,可一次通分。

3. 改错。收集学生中出现的典型错题,让学生边改错边说错误原因,也是一个行之有效的方法,如以下错题。

① $\frac{2}{5} \times \frac{3}{5} = 1$;

② $\frac{7}{12} \times 14 = \frac{1}{24}$;

③ $\frac{5}{18} + \frac{7}{18} \times \frac{1}{14} = \frac{12}{18} \times \frac{1}{14} = \frac{1}{21}$;

④ $\frac{1}{18} \times 3 \div \frac{1}{60} \times 12 = \frac{1}{6} \div \frac{1}{5} = \frac{5}{6}$;

⑤ $\frac{5}{12} + \frac{7}{12} \times \frac{6}{7} - \frac{2}{7} = 1 \times \frac{4}{7} = \frac{4}{7}$;

⑥ $7 \div \frac{1}{2} + 7 \div \frac{1}{3} + 7 \div \frac{1}{6} = 7 \div \left(\frac{1}{2} + \frac{1}{3} + \frac{1}{6} \right) = 7 \div 1 = 7$。

4. 小结。引导学生自己小结分数四则混合运算的注意点。例如,认真审题,确定先算什么,后算什么;递等式书写格式要规范,一步一查;合理计算,尽可能用简便方法等。

5. 激趣。"运算是数学的'童子功'。"这项"童子功"的养成离不开练习,但在练习中教师要注意激发学生的兴趣,调动学生学习的主动性。在练习设计中除了注意题型的变式外,还可适当组织一些小组或班级口算、计算比赛,给学有余力的学生布置一些趣味计算题、应用题、思考题,化枯燥为乐趣。✍

81 计算教学应注意哪些关键词 >>

计算是小学数学教学的主要内容之一。常规的计算教学中，教师最应注意哪些问题，记住哪几个关键词？

A

小学计算教学中，教师应注意以下几个关键词。

1. 算理算法。算理即运算的原理，主要回答"为什么这样算"；算法即运算的法则，主要回答"怎样算"。理解算理、掌握算法是计算教学的关键，其要义是：不仅要让学生知道该怎样算，而且要明白为什么这样算。理解算理、掌握算法是计算教学最重要的内容。

2. 常练带练。计算是小学生必须掌握的基本技能之一。技能的熟练应在理解算理、掌握算法的前提下进行练习。练习时，一不能毕其功于一役，即不能认为靠练几次、几天就能解决计算问题，要经常练习；二不能教啥练啥，要借助新教的带练已教的，借助后面教的带练前面教的，使学生的计算技能由"会"到"熟"，由"熟"到"巧"。

3. 习惯思维。计算发生错误常与不良的学习习惯有关，所以在计算教学中，注意培养学生良好的学习习惯特别重要。计算的良好习惯，简单地说主要是两个字：一是看，看清符号和数据，仔细抄题计算；二是验，一步一回头，步步要回头，检查验算是提高计算正确率的良方。计算虽是技能，但离不开思维。在讲算理算法时让学生初步经历一些演绎推理的过程，在计算练习内容和方法的拓展过程中

第一部分 数与代数

123

让学生感悟一些归纳、类比推理的例子，在简算、速算中让学生提升思维的灵活性、敏捷性，在沟通整数、小数、分数运算的过程中让学生理解运算本质上是计数单位的运算，感受思维的统整性。这些都是数学教师有意识、有计划地提升学生运算能力的应有职责。🔷

数量关系

82 **可以让一、二年级的学生知道哪些简单的数量关系和分析方法 >>**

一、二年级的学生刚开始接触解决简单实际问题，可以让他们知道哪些简单的数量关系和分析方法？

Q

A

数学是研究数量关系和空间形式的科学。实际问题中的数量关系，通俗点讲，指的是实际问题中已知条件与已知条件、已知条件与所求问题之间的关系。一、二年级的学生接触到的实际问题（指一步计算的实际问题）以计算方法为分类标准，有加法、减法、乘法和除法四类。传统的小学数学教材教法将一、二年级用加法和减法计算的实际问题归结为部分数与总数的数量关系和两数相差的数量关系；将用乘法和除法计算的实际问题归结为每份数、份数与总数的数量关系和倍数的数量关系。

其实，一、二年级解决实际问题教学，重点是帮助学生理解题意、理清数量关系，教学中采用的主要方法是联系学生的生活经验或通过操作演示，让学生理解题意、解决问题。其中，用得最多的是联系加、减、乘、除的含义："合并"用加法，"去掉"用减法，"求几个几"用乘法，"平均分"用除法，其实质是以"分"与"合"为基础，从加、减、乘、除运算的含义出发分析数量关系。这样教学，效果比较好。

数量关系启蒙教学可讲点啥 >>

数学是研究数量关系和空间形式的科学。"课标2022年版"中"数与代数"领域将数量关系作为一大主题，分学段提出了内容要求、学业要求和教学提示。那么，第一学段启蒙教学可讲点啥？

Q

小学数学教学
疑难答问

第一学段数学学习之初，可通过联系生活、创设情境、观察、操作、画图等方法，将以下几个方面作为数量关系启蒙教学的主要内容。

1. 初步学会比较。通过比较，让孩子在知道谁与谁比的前提下，认识同样多、同样大、同样长等知识，进而认识比多少、比大小、比长短等。

2. 初步知道对应。在数物体、数图形时要引导孩子一一对应着数，一一对应着讲"去掉""比多少"等内容。

3. 初步了解分类。数学离不开分类，分类是了解数量关系的基础之一。在数量关系启蒙教学阶段，应让孩子根据生活经验对物体或图形进行分类，初步知道可根据什么标准进行分类，知道"同类"和"不同类"。

比较、对应、分类不仅是数量关系启蒙教学的主要内容，也应是数学启蒙教学的主要内容。此外，启蒙阶段还可让孩子了解一些简单的逻辑关系，如"全部"和"一些"，"总量"和"分量"；简单的时空关系，如先后次序"原来"和"现在"，位置次序"上下"和"前后"等，感悟数学和生活的联系。

求两数相差多少的简单实际问题，怎样讲数量关系 >>

苏教版《数学》一年级下册求两数相差多少的简单实际问题，教材呈现了两名学生抓花片的活动情境：一男生抓了 13 个红花片，一女生抓了 8 个蓝花片，提出问题："哪一种花片抓得多？多多少个？"列式为 13 − 8 = 5（个）。怎样讲这个实际问题的数量关系以及这个算式的含义比较好？

Q

　　求两数相差多少的实际问题，日常生活中较为常见且变式多。例如，两数 A、B（A > B），求 A 比 B 多多少，B 比 A 少多少，A、B 相差多少；A 去掉多少与 B 同样多，B 添上多少与 A 同样多，A 给 B 多少后 A、B 同样多等。减法的含义是学生理解这类实际问题数量关系的基础。教师教学例题时，一般采用动手操作的方法：一一对应着摆一摆两种花片，引导学生通过观察、比较、思考，直观认识到求红花片比蓝花片多多少个，就是求 13 比 8 多多少。因为要从 13 里去掉 8，所以用减法计算，列式为 13 − 8 = 5（个）。教学时，有的教师这样分析：把红花片分成两部分，一部分是和蓝花片同样多的，另一部分是比蓝花片多的，从红花片中去掉和蓝花片同样多的部分，余下的就是红花片比蓝花片多的部分。还有的教师在列出算式后，问学生"13"表示什么（红花片的个数），"8"表示什么（和蓝花片同样多的红花片个

第一部分　数与代数

数），"5"表示什么（红花片比蓝花片多的个数）。以往的实践表明，学生很难正确地说出"8"表示什么。

综上所述，求两数相差多少的简单实际问题，其中的数量关系是相差关系。教学时可利用学生的已有经验，借助一一对应摆一摆花片的操作活动，让学生直观地认识到求红花片比蓝花片多多少个，就是求 13 比 8 多多少这一数学问题，然后联系减法的含义，认识到要求 13 比 8 多多少，只要从 13 里面去掉 8 即可。教师结合直观图，将红花片分成两部分讲数量关系是可以的，但不必让学生一一复述，随着学生年龄的增长，他们会慢慢理解，也会正确地表述算式中每个数的含义。㊙

85

任意选择两个数量相乘，思路都说得通吗 >>

用两步连乘解决实际问题"乒乓球每袋 5 个，每个 2 元，买 6 袋要多少元"时，学生中出现了三种解法：

解法一：$2×5=10$（元），$10×6=60$（元）

解法二：$5×6=30$（个），$2×30=60$（元）

解法三：$2×6=12$，$12×5=60$（元）

前两种解法学生能说清解题思路，第三种解法许多学生说不清楚第一步求的是什么，只知结果正确。这种解法能说通解题思路吗？遇到这种情况，该直接批错吗？

学习用两步连乘的方法解决实际问题，主要目的是让学生经历理解题意、分析问题、解决问题、回顾反思的过程，体会问题里的数量关系，形成解题思路，获得解决这类问题的经验，从而学会思考，同时感受数学与生活的关系。

教学中，应让学生在解题和比较中感悟解决这类问题的策略：可以从条件想起，从此题条件所提供的三个已知数量中选择有直接联系的两个，分析数量关系；也可以从问题想起，先分析数量关系（要求买 6 袋要多少元，要先知道每袋多少元、买几袋，或每个多少元、买几个），再解答。

遇到学生中出现第三种解法，不要急于批对或批错，可先让学生说说列式的理由。如果学生面对算式说不清理由，仅是凑对答案，那么教师要设法引导他们从条件想起或从问题想起，分析数量关系，找到解题策略，从而提升解题能力。

第一部分 数与代数

129

其实，第三种解法用假设法是容易说通解题思路的，即利用直观图（下图），假设给这些乒乓球重新装袋，每袋装 6 个，每个 2 元，装了 5 袋，一共多少元？这样做应是可以的。而且要让学生知道，用两步连乘解决实际问题时，任意选择两个数量相乘后再乘第三个数量的解题方法，思路都说得通。

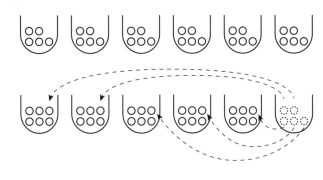

86 为什么可以同时算出两个积 >>

苏教版《数学》四年级上册整数四则混合运算例1：中国象棋每副 12 元，围棋每副 15 元，买 3 副中国象棋和 4 副围棋，一共要付多少元？列成综合算式是：12×3 + 15×4。计算过程中，"12×3"和"15×4"为什么可以同时算出两个积？怎样讲比较好？

关于为什么可以同时算出两个积，教学中主要有以下两种方法：

1. 结合实例讲解。根据题目情境和数量关系，可以先算出买 3 副中国象棋应付的钱和买 4 副围棋应付的钱，然后一起付给营业员，所以可以同时算出两个积。

2. 对比方法讲解。可以将学生中出现的分三步（先算出第一个积，再算出第二个积，最后求和）的方法和分两步（先同时算出两个积，再求和）的方法作对比，让学生通过对比发现同时算出两个积不影响结果，但计算过程从三步简化为两步，是一种更为简便的方法。

显然，两种方法结合起来讲，让学生结合情境和数量关系，理解两步计算方法的合理性和简便性，从而小结这类计算题可以灵活简便计算，这样讲比较好。😊

第一部分　数与代数

131

87 求路程还是求速度 >>

练习册中有这样一道题：李娟家到学校有 1600 米，一天她从家到学校走了 20 分钟，李娟平均每分钟走多少米？老师们对列式计算没有意见，即为 1600 ÷ 20 = 80，但对于 80 后面用什么单位产生了分歧。有的老师认为这题是求路程，单位应用"米"，有的老师认为这题是求速度，单位应用"米 / 分"。这道题到底是求路程还是求速度呢？

这道题求"李娟平均每分钟走多少米"，应该理解成是求路程。它同求李娟 10 分钟、30 分钟……走多少米，意义是一样的，都是求路程，所以"80"后面应用单位"米"。而且，有时用米作单位，既能表示路程的意义，也能表示速度的意义。这题的结果"李娟平均每分钟走 80 米"，既可表示李娟平均一分钟走 80 米的路程，又可表示李娟走 1600 米的平均速度是 80 米 / 分。

求路程还是求速度，说到底应根据题目提出的问题确定。当问题是求"速度是多少"时，应用速度单位；当问题是求"每分钟行多少米"或"每小时行多少千米"时，一般求的是路程是多少，应用长度单位。🔹

88 工作效率的单位是复合单位吗 >>

在备"工作效率"一课时，留意到教材中的工作效率单位。例如，"张阿姨 2 小时做了 14 个小熊"，她每小时做的个数是"14 ÷ 2 = 7（个）"。但是，由工作效率的概念"我们把每分钟（每天，每小时）完成的工作量叫作工作效率"可以看出，工作效率的单位应是复合单位，为什么教材中用"个"而不是"个 / 时"呢？

现行国际通用的计量制度规定：长度、时间、质量、热力学温度、电流强度、光强度和物质的量为七个基本量，由这七个基本量导出的量称为导出量，应用复合单位。例如，速度就是基本量"长度"和"时间"的一个导出量，其常用的复合单位是"米 / 秒"或"千米 / 时"。其他导出量如工作效率、单价等，虽也可看作导出量，用复合单位，但使用时因情况复杂，无严格规定，一般应视具体情境和问题而定。

具体到这道例题，由于问题是"算算她们平均每小时各做了多少个小熊"，求的是每小时做的"个数"，因此就应该列算式求具体个数，答语要写每小时做了几个；如果问题是"算算她们的工作效率"，那么单位就要写清"个 / 分"或"个 / 时"，必须有具体的时间单位。再以速度为例，若问题是"求他的速度是多少"，则括号中的单位应是复合单位，如"米 / 秒"或"千米 / 时"；若问题是"求他每小时走了几千米"，则括号中的单位应是"千米"。

第一部分 数与代数

133

89 答案可以是 663 元吗 >>

苏教版《数学》四年级下册第三单元"三位数乘两位数"第 37 页有这样一道练习：

> 16. 长阳动物园的门票价格规定如下：
>
> | 购票人数 | 1~50 | 51~100 | 100 以上 |
> |---|---|---|---|
> | 票 价 | 15 元/人 | 13 元/人 | 10 元/人 |
>
> 西街小学四年级同学去长阳动物园春游，一班有 48 人，二班有 49 人，三班有 52 人。
> (1) 每个班分别购票，各需要多少元？
> (2) 三个班合起来购票，一共需要多少元？

结合题中信息可知，票价会根据购票人数的不同而发生变化。对于第（1）题，一班和二班的人数均在 1～50 人的范围内，所以一班和二班分别购票，所需的钱分别为：$48 \times 15 = 720$（元），$49 \times 15 = 735$（元）。但是，如果均购买 51 张票，那么所需的钱为：$51 \times 13 = 663$（元），663 元 < 720 元，663 元 < 735 元，因此一班和二班均购买 51 张票，所花费的钱反而比按照实际人数购票所花费的钱少。实际教学中该怎么处理？

Q

苏教版《教师教学用书·数学》四年级下册第 97 页提供了这道题的处理思路——

第 16 题可以先引导学生弄清动物园对门票价格的相关规定，再选择合适的条件解决相应的问题。列式解答后，要引导学生通过比较，体会省钱的购票方案，并想一想今后遇到类似的问题时，可以怎样解决。

根据这个思路，显然应先按规定选择合适的条件，每班分别购票解决第（1）题，然后解决第（2）题。该题的主要目的是，通过练习进一步达成本单元教学目标第一条和第二条的主要内容：掌握三位数乘两位数的笔算方法，能正确地进行笔算；掌握"总价 = 单价 × 数量"这个常见的数量关系，并能应用这个数量关系解决一些实际问题。在此基础上，引导学生通过分析思考、尝试比较，找到比较省钱的购票方案，即一、二班均可按 51 人购票，从而达成教学目标第三条：积累解决问题的经验，培养发现和提出问题、分析和解决问题的能力，增强应用意识。🔷

90 "标准"要不要 >>

自从分数应用题教学不出类型，不出"$\dfrac{比较量}{标准量}$ = 分率"这个解题公式后，数学教学中"标准"一词用得越来越少。"标准"要不要，教学中需不需要强调？

标准，衡量事物的准则。数学中，标准很重要，即使在小学数学中也是如此。例如，角的分类：以直角为标准，大于 0°且小于 90°的角叫作锐角，大于 90°且小于 180°的角叫作钝角；三角形的分类：以最大角为标准，在一个三角形中，最大角是直角的三角形是直角三角形，最大角是锐角的三角形是锐角三角形，最大角是钝角的三角形是钝角三角形。不仅在图形与几何领域，数与代数领域中标准同样重要。例如，在实际问题中，"A 比 B 多几""A 是 B 的几倍"都是以 B 为标准进行比较（前者为差比，后者为倍比）。即使是不出"$\dfrac{比较量}{标准量}$ = 分率"这一解题公式，分数应用题如"A 是 B 的几分之几"，实质上也是以 B 为标准进行比较的。

正如史宁中先生所说的："在日常生活和生产实践中制定标准和遵循标准都是不可或缺的。"在数学教学中，"标准"同样不可或缺。让学生在数学学习中体会"标准"的重要性，感悟如何制定"标准"、遵循"标准"，是数学教师的任务之一。

91 只有一种答案还是有两种可能 >>

"双十一"商场打折广告如下:一次性购物超过 100 元、不超过 300 元的,一律九折;超过 300 元的,一律八折。王叔叔付款 252 元,他购物打折前的原价是多少元?

这题只有一种答案,还是有两种可能?

这题应该有两种可能。

解:设王叔叔购物打折前的原价为 x 元。由于王叔叔付款 252 元,应分两种情况讨论。

(1)当 $100 < x \leqslant 300$ 时,$0.9x = 252$,$x = 280$。

(2)当 $x > 300$ 时,$0.8x = 252$,$x = 315$。

所以,王叔叔购物打折前的原价可能为 280 元或 315 元。

此题属于百分数的实际问题。虽然实际付款没有超过 300 元,但由于折扣不同,因此不代表原价一定没超过 300 元。练习此题,能让学生思考问题的严谨性得到提升。☺

92

从简单情况想起，解题的关键是什么 >>

"从简单情况想起"是一种常用的解题策略，用此策略解题的关键是什么？有的教师认为是找到方法，即教会学生用列表或画图的方法解题是关键；有的教师则认为，既然是解决实际问题，那么数量关系的分析仍是关键。到底解题的关键是什么呢？

"从简单情况想起"是一种重要的解题策略，老师们说得都有道理，我们可以先看两道例题。

例1　不使用计算器，你能想办法写出下面算式的答案吗？

$$111111111 \times 111111111 = ?$$

解题时，从简单情况想起：

$1 \times 1 = 1$

$11 \times 11 = 121$

$111 \times 111 = 12321$

$1111 \times 1111 = 1234321$

……

观察思考，找到规律：$111111111 \times 111111111 = 12345678987654321$。

例2　在平面上画 10 条直线，要求每两条直线都不重合，那么最多可以形成多少个交点？

从简单情况想起,通过画图、列表,找到规律(下表)。

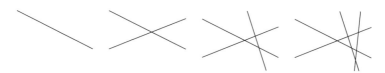

直线条数	1	2	3	4	⋯	10
交点个数	0	1	1 + 2	1 + 2 + 3	⋯	1 + 2 + 3 + ⋯ + 9

　　由此可知,从简单情况想起,即从特殊到一般,化复杂为简单,从简单的问题中发现规律,从而找到解决复杂问题的思路,这是关键。✿

93

怎样教学有关分数的实际问题 >>

有关分数的实际问题怎样教，历来有争议。有的教师主张分类型出解法，即把有关分数的实际问题分为"三类"（九种），每讲一类，出一类的解题法则，如求一个数是另一个数的几分之几，用除法。有的教师主张不分类型，不出解法，因为出类型、解法易让学生套类型、套解法，影响学生思维的发展。到底怎样教学有关分数的实际问题？

有关分数的实际问题既是小学数学教学的重点之一，也是难点之一。总结分数实际问题的教学经验，注意以下几点应是共识。

1. 明两个意义。有关分数的实际问题，在理解题意、分析数量关系时，说到底要紧扣两个意义，即分数的意义和分数乘法的意义。所以，落实对两个意义的真正理解，是学好有关分数的实际问题的基础。

2. 抓两个策略。分析有关分数的实际问题的数量关系，用得最多的策略是画图和找等量关系列方程，指导学生会用、用好这两个策略很重要。

3. 知两个方法。有关分数的实际问题所反映的基本数量关系是对应量（比较量）、单位"1"（标准量）和分率之间的关系。让学生在分析数量关系的基础上知道：一般情况下，单位"1"已知用乘法，单位"1"未知用除法，也是一种有效的解题方法。

4. 做两种训练。训练一，基本训练，如在含有分率的句子中找单位"1"的训练；训练二，变式训练，如组题对比训练，包括整数、分数实际问题的对比训练，简单、复杂分数实际问题的对比训练等。在两种训练中，通过对比，寻找有关分数实际问题的共同本质、内在规律，效果较好。

5. 需两个沟通。有关分数的实际问题的教学中，一定要关注知识结构，通过沟通传统的三类实际问题的关系，沟通分数、传统的百分数和比的实际问题的关系，形成知识结构，知道并理解通性通法，这是学好有关分数的实际问题的关键。◈

94 "画图"束手无策是何原因 >>

"画图"是解决实际问题中常用且管用的一种策略。但一些学生在面对数量关系稍复杂的实际问题时，尽管教师一再提醒画画图、再想想，但学生仍束手无策，原因何在？

A

原因其实很简单，就是这些学生不会画图。教学画图时，教师不仅要讲画图策略的优越性——数量关系的呈现更直观、更清楚，还要指导学生如何根据题意画图，并注意加强这方面的练习。苏教版《数学》四年级下册"解决问题的策略"单元有这方面的提示：1. 要根据题目的条件和问题逐步画出示意图；2. 要把条件和问题都在图中表示清楚；3. 观察示意图可以清楚地看出数量之间的关系。

当然，除了这几点外，还可结合具体问题，提醒学生：要抓住题中反映数量关系的关键句，边读、边画、边理解；要注意综合、灵活运用多种解题策略分析数量关系；更要善于发现隐藏在图中的数量关系。例如：

小峰看一本童话书，看了几天后，看了的页数比未看的少 14 页。他又看了 75 页，看了的页数正好是未看的 3 倍。这本书有多少页？

画出下图，发现 75 − (14 ÷ 2) = 68 (页) 正好等于未看的页数，是关键。

解决实际问题是数学知识学习到综合应用的过程，它贯穿于小学数学学习的全过程。教学中，教师应注意哪些问题，记住哪几个关键词？

解决实际问题教学中，教师应注意以下关键词：

1. 注意做好准备——打基础。应用数学知识解决实际问题显然应以数学知识学习为基础。解决实际问题的教学应作好充分准备，打好基础。例如，第一学段解决实际问题的教学，"课标 2022 年版"在"内容要求"和"学业要求"中说得明确，主要是运用数和数的运算解决简单的实际问题，显然这一学段的知识基础主要是加、减、乘、除四则运算的含义，即知道"合并"用加法，"去掉"用减法，"求几个几"用乘法，"平均分"用除法。教学时可采用的主要方法除了充分利用学生已有的生活经验外，还应注意联系实际、创设情境、激发兴趣和直观操作。做好准备、打好基础是解决实际问题教学的前提。

2. 注重独立思考——留时间。认真听讲、独立思考、动手实践、自主探索、合作交流是数学学习的重要方式。解决实际问题教学中，有的教师以自己讲、学生听为主，没有给学生必要的认真读题、独立思考的时间，从而造成学生动脑少、凑数据、猜解法等；有的教师作过多提示，把实际问题转化成了式题；有的教师以自己的讲解或优秀生的解答代替全体学生的思考。这些现象严重阻碍了学生解决实际问题能力的提升。在解决实际问题的教学中，教师应该给学生留出时间独立思考，在思考中提升解决实际问题的能力。

3. 分析数量关系——导方法。解决实际问题教学除了给学生独立思考的时间，还应引导学生分学段、分要求逐步掌握分析数量关系的方法。苏教版小学数学教材在第一学段主要让学生初步理解加、减、乘、除的含义，发现数量关系，学会表达情境中的数量关系，并通过观察、操作、画图、列表、几何直观等方法理解简单的数量关系，解决简单的实际问题；第二学段主要让学生认识常见的数量关系，即加法模型和乘法模型，了解等量的等量相等，掌握从条件想起、从问题想起、画图等分析数量关系的基本方法；第三学段结合有关分数、比和比例的实际问题，引导学生用字母（式）表示数量关系或规律，并灵活、综合运用一些分析数量关系的方法，在此基础上学习一些解决实际问题的策略，如试验调整、转化、等量代换、假设等。分析数量关系，导以方法策略，是提升学生解决实际问题能力的有效途径。

4. 适当组织练习——重对比、灵活和综合。解决实际问题能力的提升离不开适当的练习。怎样组织练习效果好？教师们形成的共识主要是三点：对比、灵活和综合。对比，即注意组题对比练习，让学生在对比中区别异同，判断正误，归纳方法；灵活，即注意一题多解和多题一解，让学生逐步学会灵活运用方法策略，分析数量关系；综合，即引导学生沟通知识联系，构建知识结构，综合运用已掌握的方法和策略解决问题，拓展解题思路，提升解决实际问题的能力。

解决实际问题的教学目标，主要是让学生经历在具体情境中运用数量关系解决问题的过程，从中感悟加法和乘法模型的意义，提高"四能"，逐步形成推理意识、模型意识和应用意识。围绕目标，组织好教学是小学数学教师的重任之一。

学校食堂原有 x 千克大米，又运来 1000 千克大米，学校食堂现在有大米_____千克。(用字母表示)

有的学生在横线上填"$x + 1000$"，有的填"($x + 1000$)"。这两种填法都可以吗？要不要提醒学生后者填得规范？

Q

A

　　"用字母表示数"的内容在初中涉及单项式、多项式和整式等概念。简单点说：数与字母的积的形式的代数式叫作单项式，几个单项式的和叫作多项式，单项式和多项式统称为整式。一般而言，如果空格处填的是单项式，那么无需加括号；如果填的是多项式，那么要加括号。所以，从规范要求讲，这题填的是多项式，所以要加括号。

　　因为小学里讲"用字母表示数"这一内容时，没有涉及上述概念，所以有的教师对加不加括号不作要求；有的教师不管填的是什么式，都让学生加上括号；有的教师则告诉学生，用字母表示数时，要体会这个含有字母的式子表示什么，如果表示数，就要加上括号，如果表示数量关系，就无需加括号；还有的教师这样告诉学生：用字母表示数时，式子里含有加、减法的和除数是字母的，必须加上括号。

　　其实，只要按教材或教师用书的要求讲，和学习后续知识不矛盾就行。😊

已知 $\frac{1}{4} < \frac{b}{a} < \frac{1}{3}$，当 b 最小时，$a+b$ 的最小值是多少 >>

已知 $\frac{1}{4} < \frac{b}{a} < \frac{1}{3}$（$a$、$b$ 均为非零自然数），当 b 最小时，$a+b$ 的最小值是多少？可以怎样解？有一般解法吗？

解此题不需引导学生用通分的办法或化小数的办法去思考，由于分母 4 和 3 是连续的自然数，因此可以这样思考：因为 $\frac{1}{3.5} = \frac{2}{7}$，$\frac{1}{4} < \frac{2}{7} < \frac{1}{3}$，所以 $a+b$ 的最小值是 9。又如，$\frac{1}{8} < \frac{b}{a} < \frac{1}{7}$，因为 $\frac{1}{7.5} = \frac{2}{15}$，$\frac{1}{8} < \frac{2}{15} < \frac{1}{7}$，所以 $a+b$ 的最小值是 17。

实际上，由 $\frac{1}{4} < \frac{b}{a} < \frac{1}{3}$（$a$、$b$ 均为非零自然数），那么当 $b=1$ 时，a 无整数解；当 $b=2$ 时，$6 < a < 8$，a 有唯一的整数解 7。由于有"当 b 最小时"的条件，因此 9 确是 $a+b$ 的最小值。

一般情况下，对于"如果三个分数满足条件 $\frac{1}{n+1} < \frac{b}{a} < \frac{1}{n}$（$a$、$b$、$n$ 均为非零自然数），那么当 b 最小时，$a+b$ 的最小值是多少"这一问题，由条件可知 $bn < a < b(n+1)$，因为 b 要最小，而当 $b=1$ 时，$n < a < n+1$，不存在满足条件的自然数 a；当 $b=2$ 时，$2n < a < 2(n+1)$，此时有唯一满足条件的解 $a = 2n+1$，所以 $\frac{b}{a} = \frac{2}{2n+1}$ 是满足 $a+b$ 为最小值条件的分数，因此 $a+b$ 的最小值为 $2n+3$。

"用字母表示数"教学应注意哪些关键词 >>

"用字母表示数"是"课标 2022 年版"加强的内容，也是培养学生符号意识最为重要的一块内容。教学"用字母表示数"，教师最应该注意哪些问题，记住哪几个关键词？

Q

教学"用字母表示数"，教师最应记住以下几个关键词。

1. 两个需要。用字母表示数，一是解决实际问题的需要，二是数学学习的需要。例如，妈妈的年龄比平平大 25 岁，问：平平 1 岁时妈妈几岁？平平 2 岁时妈妈几岁？……学了用字母表示数，只要知道平平几岁（a 岁），就能非常方便地表示妈妈的年龄［（$a + 25$）岁］，这可看作解决实际问题的需要。用字母表示数，更多的是数学学习的需要，它是将来学习代数式、公式、方程、函数等知识的重要基础。教学中应该结合实例让学生逐步感悟需要，感悟用字母表示数所具有的简明、普遍等优越性，以提高学生学习的兴趣和积极性。

2. 两个特性。用字母表示数，小学阶段学习的主要内容是用字母表示事物数量之间的关系、性质和规律。例如，表达自然数大小关系的传递性、数的运算律、常见的数量关系、图形周长与面积计算公式等。教学时除了结合实例让学生感悟用字母表示数的优越性外，更重要的是让学生感悟用字母表示数的一般性。

3. 两点注意。"用字母表示数"的教学还应特别注意两点。一是要注意设计合理的、学生熟悉的、真实的情境，让学生在现实情境中探索用字母表示数的方法，知道确定的数用数表示，不确定的数可用字母表示；同一事件中，不同的对象可用不同的字母表示；有关系的两个未知量，用含有字母的式子既可以表示大小，又可以表示关系。二是要让学生知道用字母可以表示学过的任意的数，但要注意，用字母表示数有取值范围。

4. 两个意识。"用字母表示数"的教学，除了让学生初步学会用字母表示数量关系、性质和规律，初步学会根据字母所取的值求简单的含有字母的式子的值等知识外，还要注意在学习过程中培养学生的两个意识：一个是符号意识，体会符号的使用是数学表达和数学思考的重要形式；另一个是推理意识，事实上，用字母表示数的过程是积累数学抽象和数学逻辑推理经验的过程。

对学生而言，"用字母表示数"的学习是数学认知上的一个飞跃。🔄

99 这是方程还是方程的解 >>

$x = 1$，有的老师认为是方程，也有老师认为是方程的解，究竟哪一种观点正确？为什么？

现行中小学数学教材给方程*下的定义是：含有未知数的等式叫作方程。如果 $x = 1$ 中的 x 表示未知数，那么它就是方程。当然，$x = 1$ 也是某些方程的解，如当 $x = 1$ 时，方程 $x + 5 = 6$ 等号左右两边的值相等，所以 $x = 1$ 是方程 $x + 5 = 6$ 的解。

可能有老师认为 $x = 1$ 无须解方程就已知它的解，所以它不是含有未知数的等式。请注意，现行数学教材有关方程这一单元一般都认为"通常用 x、y、z 等字母表示未知数"，在无须说明的情况下，x 一般就表示未知数。（见人教版《数学》七年级上册第 78 页）所以，$x = 1$ 满足方程的所有条件，说它是方程也没错。

当然，在小学阶段初学方程时，不必让学生做这类题目是否是方程的判断。否则，可能引起小学生认识方程时的误解。

---

* 尽管"课标 2022 年版"已将"方程"移入初中，但现行教材中仍有"方程"内容。故本书在保留相关答问的基础上，主要引用"课标 2011 年版"中关于"方程"的课程内容及目标要求。

关于方程的两点疑惑 >>

（1）方程的定义是：含有未知数的等式叫作方程。根据此定义，$x + y = 3$、$x + y = b$ 这一类等式是方程吗？

（2）现在解方程的时候是不是一定要按照天平原理来书写解题过程？如果学生按照数量关系来写解题过程，要指出来吗？（例如，淘气身高 155 厘米，比笑笑高 21 厘米，设笑笑的身高为 x 厘米，学生列方程为 $x = 155 - 21$）

Q

A

现行小学数学教材对方程的定义是：含有未知数的等式叫作方程。有些教材还特别说明：通常用 x、y、z 等字母表示未知数。根据这些定义和说明，无疑 $x + y = 3$、$x + y = b$ 都符合方程的定义，都是方程。

关于解方程，"课标 2011 年版"第 22 页在"式与方程"的第 4 条中指出：了解等式的性质，能用等式的性质解简单的方程。教材也是这样编写和要求的。当然，有些教师在教学中结合实例用加、减、乘、除各部分之间的关系对有些解法进行解读未尝不可，学生中出现这样的解法也不能认定为错。但考虑到中小学教学的衔接，按照课标和教材的要求，及早让学生用等式的性质来解方程是更为可取的。😊

101 怎样教学生列方程 >>

五年级教学"简易方程"单元时，学生第一次接触设未知数列方程，总列出"$x = 24 \div 2 - 9$""$18 \times 5 + 36 = x$"这类形式的方程。如何帮助学生突破算术思维，正确建立等量关系？

Q

A

列方程是数学教学的重要内容之一，教学时可注意以下几点。

1. 改变习惯思路。通过实例指明列方程解实际问题的思路，并同算术思路解实际问题进行对比，让学生清楚地知道：算术思路，未知数始终作为一个目标，不参加运算；而列方程时，让未知数和已知数处于同等地位，按照题中数量间的相等关系列出方程。在此基础上，逐步引导学生总结列方程解实际问题的一般步骤。有的教师总结为"二找一列解和验"，即通过审题找出题中的未知数，并用 x 表示，找出题中的相等关系，列出方程，解方程并检验。

2. 防止两个错误。第一个是防止找错题目中的等量关系；第二个是防止解题过程不规范，漏"解"、漏"设"、漏答语。

3. 抓好基本训练。具体是指抓好找相等关系的基本训练，以及正确列出方程的基本训练。常见的训练有：看线段图或实物图列方程，根据题意选择正确的方程，根据条件列方程，检查验算，解法对比，分析推理，等等。

第一部分 数与代数

151

这类方程怎么处理 >>

　　教学解方程时，依据的原理是等式的性质。可是练习中，当遇到 $6 - x = 2$，$60 - 2x = 57$，$18 \div x = 6$，$45 \div (x + 2) = 15$ 这类方程时，该怎么处理？

　　"课标 2011 年版"的"数与代数"中有关方程的内容，在第三学段（即初中）是这样叙述的："掌握等式的基本性质……能解一元一次方程、可化为一元一次方程的分式方程。"第二学段（即小学）是这样叙述的："了解等式的性质，能用等式的性质解简单的方程。"从中我们可以知道，小学阶段是"了解"等式的性质，而不是"掌握"等式的性质（关于"了解"和"掌握"这两个行为动词要求的区别，可参阅"课标 2011 年版"第 72 页附录 1 有关行为动词的分类），是解"简单的方程"。所以，各版本教材中一般不出现 $6 - x = 2$，$60 - 2x = 57$，$18 \div x = 6$，$45 \div (x + 2) = 15$ 这类方程，只出现 $ax \pm b = c$，$ax \pm bx = c$ 这类方程。教学中，如果遇到此类方程，一般可采取以下几种方法。（1）删去，不要求学生练习；（2）用加、减、乘、除各部分之间的关系讲解；（3）用等式的性质解。当然，这超出了课标要求，因为它涉及数的范围的扩充，运算包括运算律范围的拓展等一些知识。

方程的教学中，教材中呈现的解方程方法的依据是等式的性质。但用等式的性质解方程时，遇到类似"10 − *x* = 4"的方程，学生理解起来比较困难；而如果用四则运算的关系来解方程，就很好理解，即"被减数减差等于减数"。这两种方法在解方程教学中该如何把握？

我们知道，等式的性质有两条：1. 等式两边加（或减）同一个数（或式子），结果仍相等；2. 等式两边乘同一个数，或除以同一个不为 0 的数，结果仍相等。加、减、乘、除各部分之间的关系有 10 个：和 = 加数 + 加数，一个加数 = 和 − 另一个加数；差 = 被减数 − 减数，减数 = 被减数 − 差，被减数 = 减数 + 差；积 = 因数 × 因数，一个因数 = 积 ÷ 另一个因数；商 = 被除数 ÷ 除数，除数 = 被除数 ÷ 商，被减数 = 商 × 除数。

可见，要让学生记住这 10 个关系，虽可以联系具体算式，或把它归结为求和、求被减数用加法，求一个加数、求减数、求差用减法，求积、求被除数用乘法，求一个因数、求商、求除数用除法等方式来记忆，但对于一部分学生来说还是有一定困难的。课标制定者可能是基于此，以及考虑同中学数学教学的衔接，因而只在教材中出示等式的性质，不出现加、减、乘、除各部分之间关系的教学。当然，有些教师根据班级学生的实际情况，结合有关内容介绍这些关系也可以。

至于"10 − *x* = 4"这样的方程怎么教，本书前面已有介绍，这里不再赘述。

104 学生不喜欢列方程解应用题，怎么办 **>>**

学生说："老师，列方程解应用题太麻烦了！"应该如何引导？

Q

A

方程是一种重要的描述现实世界的数学模型。在小学里初学列方程解应用题，学生中出现排斥，认为列方程解应用题比用算术方法解应用题麻烦是常有的现象。这主要是教材对于列方程解决实际问题的必要性和优越性体现不够，以及学生受知识和解题经验、计算习惯影响所致。教材例题通常比较简单，既可列方程解，也可用算术方法解，而学生熟悉的是用算术方法解。列方程解应用题，要写上"解""设"，学生初次接触，不免感觉烦琐。但是，随着知识的增长、题目难度的增加，学生会逐步体会到列方程解应用题的优越性。

教学中，教师应引导学生体会从算术到列方程的进步，感悟方程的价值和列方程解应用题的思想方法。可以设计一些趣题，让学生在比较中认识，效果会更好。我曾看过一位教师介绍的经验，是择机让学生解下题。

小明今年 11 岁，老师年龄的 2 倍与小明年龄的和为 75 岁。问：老师今年几岁？

算术法：

$(75-11)\div 2=32$

方程法：

设：老师今年 x 岁。

$2x + 11 = 75, x = 32$

教师让用算术法和方程法解的学生分别说式子的含义，并说一说自己所采用方法的特点与好处。显然，用算术法解的学生很难说清算式的含义，而用方程法解的学生容易说清方程的含义。

用算术法解，算式一旦列出，通过简单计算就可以求出年龄，而解方程相对复杂些。但列算式需要反复转译运算关系，从一种运算转译成其逆运算，往往比较烦琐；而列方程时，只要设出未知数，让未知数与已知数一起参与运算，运用顺向思维即可。可见，列方程比列算式更加简单直接。

学生通过一些实例（特别是逆向思考的）和练习，会慢慢地体会到列方程解决实际问题的优越性，进而喜欢上用列方程解决实际问题。🐾

105

比的后项能不能为 0 >>

根据教材中比的定义，比的后项不能为 0，可是体育
比赛中却会出现 3：0，0：0。比的意义是不是可以更广
一些？比除了表示两个数的倍数关系，是否还可以表示
两个数的对比关系呢？

Q

A

现行小学数学教材关于比的定义基本上都是这样描述
的：两个数相除，又可以叫作两个数的比。在除法中，除数
不能为 0，所以比的后项也不能为 0。体育比赛中出现的
3：0、0：0 不表示两个数相除的关系，它是比赛双方成绩
的记录，表示两个队成绩的相差关系，这个记录也不像数
学中的比那样可以化简。例如，两支足球队比赛，结果踢
成 4：2，胜负双方相差 2 个球。数学中的比 4：2 可化简成
2：1，但这两支足球队的比赛成绩不能化简为 2：1，否则会
变为只相差 1 个球。

至于到底怎样给比下定义，比的意义是不是可以更广一
些，它除了表示两个数的倍数关系，是否还可以表示两个数
的对比关系，《课程·教材·教法》2012 年第 6 期发表了刘琳
娜老师《对小学数学概念教学的思考——以"比的意义"为
例》一文。文中有如下一些观点：

学生不愿意"承认""两个数相除又叫作两个数的比"
这一说法，因为这一概念不能够揭示引入"比"这一概念的
独特价值，也即区别于"除法"的本质特征。

"两个数相除"并不是"比"的本质特征，而只是它的另外一种表现形式（分数也可以是比的另外一种表现形式），用表现形式来代替本质属性本身就是一种非本质特征的泛化，是一种错误的概括。

我国台湾地区的小学数学教材中用"对等关系"来刻画"比"，并将这种对等关系更加细致地划分为四种类型：（1）组合；（2）母子；（3）交换；（4）密度。

比到底是什么？作为数学名词，目前看到的有如下三种不同的解释：

1. 比是表示两个量倍数关系的记录（1999 年版《辞海》）；

2. 比是表示两个数相除关系的记录（大陆小学数学教材）；

3. 比是表示两个量对等关系的记录（我国台湾地区小学数学教材）。

王永老师指出：比源于度量，比能够解决物体不可度量的属性的可比性，这才是比的本质。

"课标 2022 年版"中关于比和比例的教学提示是这样叙述的：比和比例教学要合理利用实际生活中的情境，引导学生发现并用字母表达两个数量之间的倍数关系。❹

106

小学数学中"比"的概念怎样出 >>

传统教材比的概念为"两个数相除又叫作两个数的比"。现在有的教材改为"两个数的比表示两个数相除"（人教版）或改为"两个数相除，又可以叫作两个数的比"（苏教版）。小学数学教材中"比"的概念怎样出比较好？

A

"比"是数学中一个重要的概念，它来源于同类量的比较。

两个同类量的比表示这两个量之间的倍数关系。例如，学校合唱队男、女生人数的比是 1 比 2（1∶2），表示女生人数是男生人数的 2 倍。

两个不同类量的比表示的是一个新量。例如，小明 2 分钟走了 120 米，小明走的路程与时间的比是 120 比 2（120∶2），表示小明走路的速度是 60 米 / 分。

比能够解决物体不可度量的属性的可比性，表示的是物体之间量的对等关系。例如，张大伯用 5 颗水仙花球换李阿姨的 2 个小花盆，可用比记录为 5∶2。

在有关比的运算中，如求比值，可借助除法来完成，而且比和除法都可以写成分数的形式。可能因为这个原因，加上考虑到小学生的接受能力，传统教材将比定义为"两个数相除又叫作两个数的比"。其实，比、除法和分数既有联系又有区别。尽管两个数相比的比值、相除的商和分数的值是相同的数，但比、除法及分数是有区别的。比是指两个量的倍数关系（这里的量可以是两个或多个），是对量的关系的一种表达；除法是一种运算，是乘法的逆运算；分数是数系扩充产生的一种新数，是一个数。

我们知道，概念教学最基本的要求是使学生明确概念，即要明确概念的内涵和外延。概念的内涵是概念所反映的事物的一切本质属性的总和，概念的外延就是概念所指的对象（事物）的全体。

到底怎样给比下定义？

张奠宙先生在《小学数学教材中的大道理——核心概念的理解与呈现》一书中给出的比的定义是：

两个量 a、b，如果以 b 为单位去衡量 a，称 a 和 b 之间有关系 a 比 b，记作 $a : b$，$a \div b = k$ 称为比值。

对小学生而言，《数学辞海》第一卷第 46 页的解读"比，亦称单比，算术术语，比较两个同类量之间的一种倍数关系，称为这两个同类量的比""两个数相比，也可以说成是两个数相除"，可供参考。卍

107

比值有单位吗 >>

学习"比的认识"后，当问及判断题"4kg：5kg 的比值是（　　）kg"，学生判为错误，理由是比值不能带单位。学生的判断结果虽正确，但给出的理由值得商榷。请教专家：比值一定不能带单位吗？如果是两个不同类量的比呢？怎么扭转学生"一刀切"的错误观念？

　　现行教材一般通过两个同类量相比和两个不同类量相比的实例引出比的意义：两个数相除又可以叫作两个数的比。比的前项除以后项所得的商叫作比值。

　　两个同类量相比（相当于除法中的包含除），表示两个数的倍数关系，因为是倍数关系，所以比值不带单位。

　　两个不同类量相比（相当于除法中的等分除），比的结果产生一个新量，它的单位根据这个新量的实际意义确定。例如，距离（米）与时间（秒）相比得出速度（米／秒），总价（元）与数量（千克）相比得到单价（元／千克）。

　　教学时，要让学生通过实例知道同类量的比表示两个数的倍数关系，不同类量的比的结果产生一个新量；知道这两个不同类量其实是相关联的，不是任意两个不同类量都能相比，如 3 支铅笔和 4 千克苹果相比，一般情况下没有意义；知道比、除法和分数三者之间的关系。只有这样，学生才能逐步理解比的意义。

判断题：把 10 克蜂蜜放进 200 毫升水里，蜂蜜与水的比是 1∶20。这道判断题是否合理？

在实际问题中，计算比值的过程和得出的结果中要不要加上单位？

现实生活中，蜂蜜用"克"，水用"毫升"作单位应该是可以的。蜂蜜与水的比是 1∶20，就题目而言，不能说不合理。当然，学习比的有关知识时，应该让学生知道：比有同类量相比，也有不同类量相比；同类量相比，在化简、求比值等计算中一般都需要化成相同单位，计算结果才能正确。

比的前项除以后项所得的商叫作比值，比值也叫作比率。所以，一般在计算过程中和得出结果时都不带单位。

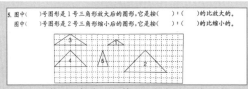

如上图，学生在解答第二个问题时，都能填出图中（4）号图形是2号三角形缩小后的图形，但是对于按（　）:（　）的比缩小这个问题，出现了 $1:\frac{4}{3}$ 和 $3:4$ 两种不同的表示形式。

有的教师认为都对，有的教师认为只有 $1:\frac{4}{3}$ 是对的。后一种观点的依据源自教材。苏教版教材中的例题无一不是把比的后项或前项表示为1，这样既有利于学生加深对图形放大和缩小的理解，也便于学生的操作；而且图形的放大和缩小是学习比例尺的基础，在教材这部分内容最后的"你知道吗"中介绍的我国11种基本比例尺地图中，比的前项都是1。

那么，比的前（后）项必须是1吗？

一幅图，图上距离和实际距离的比叫作这幅图的"比例尺"，为了方便，通常把这个比写成前项是1（或后项是1）的比的形式，所以，也可以认为比例尺是化简后的比。从这个角度考虑，比例尺通常应该写成比的前项或后项为1。

此问题涉及图形的放大和缩小，不是考察严格意义上的比例尺，所以这两种表示形式都应算对，都有一定道理。

在人教版教材中,化简比的例题都是用比的基本性质进行计算的。在实际教学中,我发现有些题目用比的基本性质化简比较烦琐,而用求比值的方法或约分的方法化简相对简单。

例如,把 $1.5 : 0.3$ 化简成最简单的整数比。

教材的方法:	求比值的方法:
$1.5 : 0.3$	$1.5 : 0.3$
$=(1.5 \times 10):(0.3 \times 10)$	$=1.5 \div 0.3$
$=15 : 3$	$=5$
$=(15 \div 3):(3 \div 3)$	$=5 : 1$
$=5 : 1$	

又如,把 $180 : 120$ 化简成最简单的整数比。

教材的方法:

$180 : 120$

$=(180 \div 60):(120 \div 60)$

$=3 : 2$

(这里的前项和后项同时除以 180 和 120 的最大公因数,但这个最大公因数还要先用列举法或短除法求出)

约分的方法:

$$180 : 120 = \frac{\overset{3}{\cancel{\overset{18}{\cancel{180}}}}}{\underset{2}{\cancel{\underset{12}{\cancel{120}}}}} = 3 : 2$$

请问:化简比能不能用求比值或约分的方法进行呢?

化简比要求把一个比化成最简单的整数比，也就是化成前项和后项是互质数的比。

化简比大致有以下四种情况。

（1）整数比的化简：将比的前项和后项分别除以它们的最大公约数。

（2）含有小数的比的化简：移动小数点的位置，先把小数比化成整数比，再按整数比的化简方法进行化简。

（3）含有分数的比的化简：先用两个分母的最小公倍数去乘比的前项和后项，把分数比化成整数比，再把这个整数比进行化简。

（4）既含有小数，又含有分数的比的化简：先把比的前项和后项都化成小数或分数，然后按小数比或分数比的化简方法进行化简。

一个比，常常不是只有一种化简方法，可根据相比的两个数的具体情况，灵活选用合适的、简单的方法进行化简。注意：不管用什么方法，化简比的依据是比的基本性质，所以教材的例题大多采用比的基本性质进行化简。

"化简比"和"求比值"是两个不同的概念，它们的目的、方法、结果，包括读法都有区别。当然，有些化简比的题目可以先当作求比值做，然后写成比的形式；有些求比值的题目可以先化简比，再求比值。

北师大版《数学》六年级下册第 21 页给出了比例尺的定义：图上距离和实际距离的比，叫作这幅图的比例尺。根据定义可以知道，比例尺是一个比，没有单位名称，像 1：100、1：1000 等数值比例尺都没有单位。课堂上有学生提出：线段比例尺不是带单位吗？（如下图，每段 1 厘米，表示实际距离 40 千米）教师该如何解释？

```
0     40    80    120   160千米
├─────┼─────┼─────┼─────┤
```

图上距离和实际距离的比，叫作这幅图的比例尺。比例尺在概念上属于比，是一个化简后的比。当然，有时在求"图距"或"实距"时，用分数形式表示的比例尺可作为比值来使用。

比例尺一般分以下几种。（1）放大比例尺，即后项是 1 的比例尺，如 10：1，表示图上距离是实际距离的 10 倍。（2）缩小比例尺，即前项是 1 的比例尺，如 1：1000，表示图上距离是实际距离的 $\frac{1}{1000}$。（3）线段比例尺，即用一条注有数目的线段来表示图上距离和地面上相对应的实际距离的比，它注有单位，如上例，表示图上 1 厘米的距离表示地面上实际距离 40 千米，若把它换成数值比例尺，那就是 1：4000000。一般来讲，用线段比例尺求两地之间的实际距离比用数值比例尺方便，如上例，我们一下子就可以看出，图上 1 厘米的距离表示地面 40 千米的实际距离，如果图上量得 8 厘米，实际距离就是 8 个 40 千米，可以直接用乘法计算，$40 \times 8 = 320$（千米）。所以，有人把线段比例尺看作用"比"的形式表示"尺"的工具，也有一定道理。🔺

六年级第一学期学习比的意义、比的基本性质之后，接着学习应用比解决实际问题。课堂上，学生提出：我们学习的是"比"，为什么课题是"按比例分配的实际问题"？

应该是"按比例分配"，还是"按比分配"？

查阅教师用书发现，苏教版为"按比例分配"；北师大版整个单元所出现的都是"比"，一次未提"比例"；人教版表达非常明确："这部分教学内容主要有：比的意义，比的读、写方法，比与分数、除法的关系，比的基本性质，求比值，化简比，按比分配（即为过去习惯中所说的'按比例分配'，由于这类问题实质上是按'比'分配的，学生又尚未接触'比例'，因此称为'按比分配'更妥）。"

由此可知，"按比例分配"是过去的习惯说法，"按比分配"与学生所学知识内容保持了一致性。教学这节课，把课题定为"按比分配的实际问题"或"应用比解决实际问题"，既符合学生的认知水平，也能避免学生对"比"与"比例"混淆不清。

如果有学生在其他材料中看到"按比例分配"而产生疑问，我认为教师可以作如下引导：

提出问题："把30个方格分别涂上红色和黄色，使红色与黄色方格数的比是3∶2，两种颜色应各涂多少格？"学生算出18和12后，教师写出3∶2 = 18∶12，并作引导：这里的比，"长着长着"就变成了3∶2 = 18∶12，这个式子就是我们六年级第二学期要学习的比例。

以上理解是否正确？请专家指正。

提问老师的思考、表述和建议应该是妥当的。

传统教材一般把应用题分为：简单应用题、复合应用题和典型应用题三大类。典型应用题包括：求平均数，归一、行程、和倍、和差、差倍、植树、还原、分数、百分数和比例应用题等。各类应用题还可细分，如行程应用题可细分为相遇、追及、流水等小类，比例应用题可细分为按比例分配、比例尺、正比例、反比例等。可能由于这个缘故，习惯上把实质为"按比分配"的应用题（因它属于比例应用题这个大类）称为"按比例分配"应用题。顺带说一句，比例尺实质上也是比。

这类问题实质上是"按比分配"，因为它的结构是已知总量和分配比，要求按分配比求出各个分量是多少。解题时，先要把分配比转化成各占总量的几分之几，再求出各个分量的值。所以，把课题定为"按比分配的实际问题"或"应用比解决实际问题"应该是可以的。🔄

113 $a:b=c:d$ 与 $c:d=a:b$ 是同一个比例吗 >>

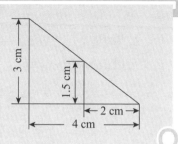

请问:用右图中的 4 个数可以组成多少个比例? 4 个还是 8 个? 即,比例等号前后两个式子位置颠倒,是否仍看作同一个比例?

如果 a 与 b 的比同 c 与 d 的比相等,那么 a、b、c、d 成比例。写作 $a:b=c:d$ 或 $\dfrac{a}{b}=\dfrac{c}{d}$。其中,$a$、$b$、$c$、$d$ 依次叫作比例的第一项、第二项、第三项和第四项;a 和 d 又叫作比例的外项,b 和 c 又叫作比例的内项。在任一比例中,它的两个外项的积等于两个内项的积,即 $ad=bc$。这叫作比例的基本性质。由比例的基本性质,可推导出:如果两个数的积等于另外两个数的积,那么这四个数成比例。即,如果 $ad=bc$,那么 $\dfrac{a}{b}=\dfrac{c}{d}$。($a$、$b$、$c$、$d$ 都不等于零)

这是因为,用 bd 去除 $ad=bc$ 的等号两边,可得 $\dfrac{ad}{bd}=\dfrac{bc}{bd}$,化简得到

$$\frac{a}{b}=\frac{c}{d}。\quad（1）$$

我们还可以分别用 cd、ab、ac 去除 $ad=bc$ 的等号两边,分别得到 $\dfrac{ad}{cd}=\dfrac{bc}{cd}$,$\dfrac{ad}{ab}=\dfrac{bc}{ab}$,$\dfrac{ad}{ac}=\dfrac{bc}{ac}$,于是有

第一部分　数与代数

169

$$\frac{a}{c} = \frac{b}{d},\quad （2）$$

$$\frac{d}{b} = \frac{c}{a},\quad （3）$$

$$\frac{d}{c} = \frac{b}{a}。\quad （4）$$

如果把（1）（2）（3）（4）四个比例的左右两边对调，那么又可以得到四个比例：

$$\frac{c}{d} = \frac{a}{b},\quad （5）$$

$$\frac{b}{d} = \frac{a}{c},\quad （6）$$

$$\frac{c}{a} = \frac{d}{b},\quad （7）$$

$$\frac{b}{a} = \frac{d}{c}。\quad （8）$$

这就是说，如果两个数的积等于另外两个数的积，那么这四个数就可以组成 8 个比例。这 8 个比例的形式不同，也就是各个数在比例中的位置不同。

根据这个道理，图中的 4 个数 $3 \times 2 = 1.5 \times 4$ 可以组成 8 个比例。当然，为了减轻记忆负担，记住前 4 个就行。 🔺

第二部分

图形与几何

图形的认识与测量

一年级数学教材"认识图形"内容的编排顺序是：第一学期认识长方体、正方体、圆柱、球等立体图形，第二学期从立体图形中抽象出平面图形，认识长方形、正方形、三角形和圆。但在一年级第一学期的实际教学中，学生往往只见"平面"而不见"立体"，仅从一个物体朝向自己的那一面来判断其属性，习惯将长方体、正方体等表述成"长方形""正方形"，将球表述成"圆"。造成学生错误表述的原因是什么？教学中该如何处理？

一年级学生只见"平面"不见"立体"，将长方体、正方体表述成"长方形""正方形"，将球表述成"圆"，这是他们这个年龄阶段较"正常"的现象。有经验的教师按如下方式处理，效果颇好。

1. 充分感知

第一步，让学生通过观察、操作等活动充分感知形状是"四体"（长方体、正方体、圆柱、球）的物体，并让他们用自己的语言表述这些物体各自的特点并分类。例如，长方体、正方体的面是平平的，没有弯曲的，可以拼搭，不能滚动；圆柱有弯曲的面，球的面是弯曲的，难拼搭，可以滚动。第二步，告诉学生把这些物体画下来分别是哪"四体"。先让学生用"体"的面画"形"，再通过观察、操作等活动初步认识长方形、正方形、三角形和圆，并用自己的语言分别说一说它们各自的特点。例如，长方形有一样长的两条长边和一样长的两条短边，正方形的四条边一样长，三角形有三条边。

2. 比较记忆

通过感知，初步认识这些图形后，分类比较是记忆的好方法。除了比较体与形，还要特别注意加强长方体和长方形，正方体与正方形，圆柱与圆，球与圆，圆柱、球与圆的对比记忆，并在以后的学习活动中复习巩固。感知、记忆和复习是学习该内容的本质。

3. 儿歌助记

有的教师在教学"四体"时，会编一些儿歌帮助学生记忆和辨认。例如——

长方体：长长方方六个面，对面对面一个样。

正方体：正正方方六个面，平平正正一个样。

圆柱：上上下下一样粗，放倒一推就滚动。

球：圆圆滚滚小淘气，滚到东来滚到西。

在学生初步认识"四形"的时候也这样做，肯定会有比较好的效果。🔆

两校联合教研，同课异构苏教版《数学》二年级上册"观察物体"（下图）。两位教师分别选择不同的特征组织学生观察：一位教师引导学生看尾巴，在右面看尾巴朝左，在左面看尾巴朝右；一位教师引导学生看脸部，在右面看脸朝右，在左面看脸朝左。课后研讨哪个方法好，看脸朝向相同，学生不易搞错；看尾方向相反，学生也能掌握。怎样引导更到位？

观察物体，教材一般从学生熟悉的教室场景出发，让学

生先从前、后两个方位进行观察，再过渡到四个小朋友在玩具猴的四周拍照，要求学生在从前、后、左、右四个方向进行实际观察的基础上，通过想象和比较，辨别这些照片分别是谁拍的。

观察、比较、思考是数学学习的重要方法。观察物体是认识和了解被观察物体形状、大小和位置关系的重要方法。课标和教材确定的教学要求和目标是使学生通过观察和比较，初步体会从不同位置观察同一物体，看到的形状可能是不一样的；能辨认从某个位置观察到的简单物体的形状，或能根据看到的形状正确判断观察者的位置，培养学生初步的观察能力和空间观念。看脸、看尾都能确定结果，关键是引导学生在确定观察结果的过程中，不要死记方法，应把注意力放在从不同角度观察物体，把不同角度、不同照片和直观图对应起来，感悟同一个物体从不同的角度观察会有不同的结果，积累观察物体的经验，形成初步的空间观念和初步的想象能力。

当然，在教学过程中要逐步提升学生的观察能力，引导学生学会平视观察抓特征，知道有的物体从前、后观察就行，有的须从前、后、左、右观察，还有的须从前后、左右、上下观察，从而为后续知识——辨认从不同方向（前面、侧面、上面）看到的物体的形状图以及三视图（主视图、左视图、俯视图）的教学打一些基础。教学中还应逐步引导学生用数学的眼光观察物体，边观察边比较边思考，边观察边想象边推断，进一步感悟物体与图形之间的关联，逐步提升学生三维与二维之间的转换能力，发展空间观念和想象能力。🈲

小学数学教学
疑难答问

人教版《数学》四年级上册第 3 单元第 1 课时内容是"线段　直线　射线",内容编排如图 1～图 5 所示。

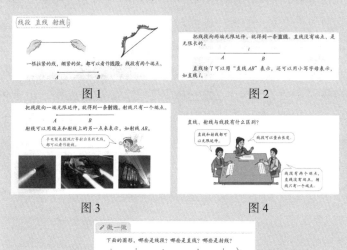

图 1

图 2

图 3

图 4

图 5

教材的编排顺序如同本节课的标题一样,第一部分是"线段"(图 1),第二部分是"直线"(图 2),第三部分是"射线"(图 3)。

我的疑问是:为什么教材把线段放在最前面,把直线、射线放在后面?

教材编者根据学生的年龄特征,先让学生认识线段,再认识直线和射线是符合课程标准关于"教材编写建议"的要求的。因为数学中要认识的线段，可在生活中找到它的"原型"，如教材中的"一根拉紧的线"；而直线、射线在现实生活中很难找到原型，认识它们须以线段为基础，主要靠想象。所以，教材这样编排也是符合学生的认知水平的。

当学生初步认识了线段、直线、射线的特征，知道了它们在平面内的表示方法，特别是通过比较知道了线段、直线和射线的联系与区别，即线段和射线都可以看作是直线的一部分，它们的本质区别是线段有限长，可度量，直线、射线无限长，不可度量，初步学会根据对象的特征（端点个数）辨认对象后，让学生"做一做"是一个必需的过程。由上可知，根据课标的"教材编写建议"、知识结构体系以及学生的接受能力解读教材是一个好方法。⚙

117 怎样正确理解射线与直线的关系 >>

"射线是直线的一部分""射线和直线无法比较长短"这两句话对吗？是否存在矛盾？

Q

直线、射线、线段都是几何图形，几何图形是从各种物体中抽象出来的，是更一般的"形"。点、直线、平面是原始概念，不能严格定义，描述它们的办法是用公理来刻画。

射线和线段都是直线的一部分。直线除了"直"这个特点外，还有一个重要的特点：没有端点。因而直线可以向两端无限延伸，永远没有尽头，是无限长的。所以，直线是不能度量的。射线只有一个端点，可以向一个方向无限延伸，永远没有尽头，是无限长的。所以，射线也是不能度量的。

直线上任意一点可以把这条直线分成两条延伸方向相反的射线，因此，射线是直线的一部分。但由于它们都是无限长的，都是不可度量的，因此它们之间没有长短可以比较，即无法比较射线和直线的长短。🌏

二年级教学"角的初步认识"和四年级教学"角的认识"时，有些教师问学生："什么叫角？"二年级学生答："角有一个顶点，两条边。"四年级学生答："从一点引出两条射线可以组成角。"能这样问、这样答吗？

Q

A

　　角是平面几何中一个相当重要的概念，与角相关的概念有许多，小学涉及的就有直角、锐角、钝角、平角、周角、内角和圆心角等。

　　角又是一个很难描述清楚、很难理解的概念。"角有一个顶点，两条边"仅仅列举了角的构成要素；"从一点引出两条射线可以组成角"仅仅说了角的组成；初中教材中所述的"角也可以看成是一条射线绕着它的端点旋转到另一个位置所成的图形"，也很难使学生想象出角的样子。原因是角和点、线一样，是一个原始概念。角本质上描述的是两条直线方向之间的关系，如果两条直线重合或平行，即方向一致，那么没有形成角；如果方向不一致，那么会相交，这时形成角。

　　学生对角的认识应该是从小学到中学再到大学逐步建立和完善的。现行教材的编制也是符合学生的认知规律的，即从物体中抽象出角，然后初步认识角的构成要素，再认识角的特征、特例，从定性到定量，从初步认识到认识到再认识。从这个过程看，教师提的问题"什么叫角"可以稍作改进，问得更符合学生的实际和教材的要求，如"这节课我们初步认识了角，说说角是由几个顶点、几条边构成的"或"角是怎样组成的"。

当然，在角的教学中，抽象过程要特别注意"画下来""表示""看作"三个关键词。指（画）角要注意先指（画）顶点，然后从顶点出发指（画）边，指（画）边时以先指（画）水平方向的射线（始边），再指（画）另一条射线（终边）为好，包括活动角的操作亦应如此。认识角的分类时，应先认直角，再认锐角、钝角，直角可看作是辨认这三个角的分水岭。🔺

这幅图里没有角吗 >>

一次教研活动，四年级学生认识角，知道了"从一点引出两条射线所组成的图形叫作角"后，教师出示练习题：数一数，下图中各有几个角？

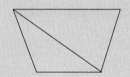

做第一题学生没多大问题，做第二题时，班里一名学生突然站起来，说："这幅图里没有角，因为这幅图里没有射线。"学生的回答有道理吗？

学生的回答是有道理的，因为此时学生认识的角是由一点引出的两条射线组成的图形，图中没有射线，当然就没有角。

其实，要回答第二幅图里有多少个角，需在认识三角形后，知道三角形有 3 个顶点、3 条边、3 个角；知道三角形的角是由相邻两边组成的，简称三角形的角；知道角的两边是射线，而三角形的两边是线段，并由此类推出多边形的角。这时学生练习这类题就水到渠成了。所以，从数学概念的严谨性和阶段性角度考虑，认识了多边形的内角后，再练这类题较好。

120　平角是一条直线吗 >>

练习中遇到一道判断题:平角是一条直线。有学生
提出:两条射线端点重合,方向相反,不就组成了一条直
线吗?

平角不就是一条直线吗?

Q

A

现行数学教材"角的认识"编排大体上分为以下三个
层次。

第一层次:角的初步认识,知道角有 1 个顶点和 2 条边。

第二层次:从一点引出的两条射线可以组成角。

第三层次:有公共端点的两条射线组成的图形叫作角,
这个公共端点是角的顶点,这两条射线是角的两条边。角也
可以看作是一条射线绕着它的端点旋转而形成的图形。射
线 OA 绕点 O 旋转,当终止位置 OB 和起始位置 OA 成一直
线时,形成平角;继续旋转,OB 和 OA 重合时,形成周角。

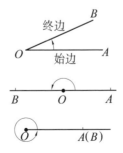

以上三个层次描述了角的定义。当然,角与点、线、面、
体一样,是一个原始概念,如何给角下定义是个历史难题。

第二部分　图形与几何

（可参阅《课程·教材·教法》2012 年第 5 期郜舒竹、刘莹、王智秋撰写的《从"角"看数学课程内容的关联性》一文或《中小学数学》（小学版）2013 年 7—8 月（上旬）编者语《教学"认识角"的难之所在》一文）但上述三个层次的描述性定义都说清了角的构成要素，即一个顶点和两条射线。

"平角是一条直线"或"周角是一条射线"这两种说法都是错误的。

其一，这种说法混淆了"角"和"线"这两个不同的概念。

其二，每个角都应有一个顶点、两条边，平角和周角虽是两种特殊的角，但也有一个顶点和两条边。只是"平角的两条边在过顶点的同一条直线上"，但不能说"平角是一条直线"。同样地，周角是一条射线绕它的端点旋转一周所成的角，周角的两条边是重合在一起的两条射线，但不能说"周角是一条射线"。🐵

教学角的度量时，有教师小结为：量角器的中心和角的顶点对齐，0°刻度线和角的一条边对齐，然后从0°开始数起，看另一条边所对的刻度是多少。这里用"对齐"这个词好吗？

Q

A

"对齐"一般指使两个或两个以上的事物排列成一条线，可以是前后对齐，上下对齐，左右对齐。"数与代数"领域常用"对齐"一词，如数位对齐、小数点对齐等。"重合"一般指两个或两个以上的几何图形占有同一个空间。"图形与几何"领域常用"重合"一词，如点与点重合、线与线重合、面与面重合等。可以这样理解：两个或两个以上的事物可以对齐，它们之间有距离；两个或两个以上的事物可以重合，它们之间应该没有距离，它们在同一个空间。显然，在小结量角（包括画角）的方法时，用"对齐"不够准确，应用"重合"。即：量角器的中心和角的顶点重合，0°刻度线和角的一条边重合，然后从0°开始数起，看另一条边所对的刻度是多少。

认识轴对称图形时，"对折后能完全重合的图形是轴对称图形"这个定义中，"完全重合"是指点与点、线与线、面与面全部重合在一起。

第二部分 图形与几何

足球上有五边形、六边形吗?

Q

现行数学教材中多边形的定义是:在平面内,由一些线段首尾顺次相接组成的图形叫作多边形。一个多边形由几条线段组成,就叫作几边形。球是旋转体,是以半圆的直径作为轴旋转一周所成的图形。球面是半圆弧旋转所成的面,球面是曲面。由上可知,多边形是平面图形,球是立体图形,球面是曲面。严格地讲,数学中的五边形、六边形是围不出球的。

但事实是,有些足球的确是由黑色的五边形皮和白色的六边形皮制作而成的。人们把足球"看作"球,把足球表面的皮"看作"五边形、六边形。其实,这里有个"数学化"的过程。犹如在教学"长方形的认识"时,常听到如下的师生对话。

师:你在生活中还见到过哪些长方形?

生:教室的门是长方形,课桌的面是长方形。

严格地讲,生活中没有数学中的长方形。正如生活中没有 1、2、3……这些自然数一样,数学中的长方形是生活中各种物体长方形形状的面经过抽象、数学化后的几何图形。生活中学生常见的教室的门、课桌的面是认识长方形的"原

型"，但原型不是图形，也不是数学中的长方形。所以，严格
地讲，只能说教室的门、课桌的面可以"看作"长方形。

　　足球可以"看作"球，有的足球上黑色、白色的皮可以
"看作"五边形、六边形。但它们都不是严格意义上的数学
中的球、五边形和六边形。🐢

重在"做"还是重在"画" >>

四年级认识三角形，我们习惯让学生用小棒摆三角形，在钉子板上围三角形，用纸折三角形。有些教师认为现行教材不重视让学生做三角形，重在让学生画三角形，为什么？

Q

A

现行苏教版小学数学教材通过"两找""两画"，让学生逐步认识三角形。先通过让学生在主题图和在生活中找三角形引入新授，然后让学生画一个三角形，并说说三角形有什么特点，进而归纳出三角形有 3 个顶点、3 条边、3 个角，是三条线段首尾相接围成的封闭图形，最后在"试一试"中再次画一个三角形。我们知道认识数有一个从数量到数的抽象过程，认识形也有一个从物体到图形的抽象过程。"做"可作为一种抽象的方法，但总体上它还停留在操作层面；"画"显然比"做"提高了一个层次，它是体现抽象过程的最佳途径。这是苏教版教材图形与几何部分编写的两大特征，即注重抽象，注重特征的体现。在此基础上，教材还编排了一个"试一试"：方格纸上有 4 个点（其中 3 个点在同一直线上），从这 4 个点中任选 3 个作为顶点，都能画出一个三角形吗？你有什么发现？让学生通过再次画三角形，体会三角形的三个顶点不能在同一条直线上，逐步完善对三角形的认识。

124 认识图形的教学应注意哪些关键词 >>

认识图形是图形分类、测量等后续知识的基础。教学认识图形，教师最应注意哪些问题，记住哪几个关键词？

教学认识图形最应注意两个过程，一是抽象图形的过程，二是图形特征发现的过程。

抽象图形的过程，即根据物体特征抽象出几何图形的过程。在这个数学化的过程中，应关注"画或描下来""表示"和"看作"三个词。教学中一般先让学生观察相关物体或物体的主题画，然后舍去物体的物理特性，抽象出几何图形，或通过将物体"画或描下来"，抽象出几何图形。注意："画或描下来"抽象出图形，它表示某种图形，这里是"表示"，与"是"有区别。例如，画下来"———"表示射线，它不是有一个端点、可以向一个方向无限延长的射线，它仅表示射线。（顺便说一句，在小学数学有关数和形的概念教学中，"表示"一词的理解很重要；性质教学中，"不变"一词的理解很重要。这两个词，数学教师熟悉到日用而不觉的地步，但却未能引起深入思考与重视。）回到现实世界让学生具体化，用自己的语言举例说明射线，这时注意要用"看作"一词。例如，晚上探照灯的光柱可以"看作"射线，不要说成探照灯的光柱"是"射线。

图形特征发现的过程。小学阶段认识图形，主要是认识

第二部分 图形与几何

189

图形的特征。在这个过程中应特别注意"观察要素""注重操作"和"归纳描述"三个词。图形特征的发现离不开观察和操作，教师要引导学生观察图形的某些要素。例如，认识平面图形，主要观察它的顶点、边和角；认识立体图形，主要观察它的顶点、棱和面。引导观察时，还应注重操作，即让学生通过动手测量、折叠、画、拼、分、比等发现并验证图形的特征（共同特征→本质特征）。发现特征后，教师还要引导学生归纳描述，这既是学生自主完成用数学语言表述图形特征的重要过程，也是知识建构的过程。

图形的认识是一个循序渐进的过程，在这个过程中教师还要注意知识的结构和本质，引导学生感悟点、线、面、体之间的关联，积累观察和思考的经验，逐步形成空间观念，为学习后续知识打下坚实的基础。⚙

高是"线段"还是"线段的长" >>

从三角形的一个顶点到对边的垂直线段是三角形的高，高是线段。而在计算三角形的面积时所使用的面积计算公式：三角形的面积 = 底 × 高 ÷ 2，这里的高显然指线段的长。高是线段（形）还是线段的长（数）？

Q

A

图形与几何领域里，定义中的"底""高""半径""直径"等指的是线段（形）；为了方便，通常我们把"线段的长"也称为"线段"，即计算公式里的"底""高""半径""直径"指的是线段的长（数）。

126 BD 是三角形 ABC 的高吗 >>

一次教研活动，认识三角形的高，教师让学生在方格纸上画出一些三角形的高，其中一名学生画出 BD，认为 BD 是三角形 ABC 的高（如下图，无 BE）。BD 是三角形 ABC 的高吗？教师中发生了争论。

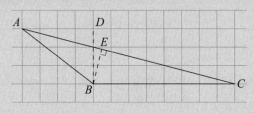

说几点意见：

1. 画钝角三角形 ABC 的高，对小学生而言，最好说明以 B 为顶点画对边上的高，因为以 A 或 C 为顶点画高属三角形 ABC 的外高，小学暂没有这个要求。

2. 三角形的高，现行教材中都有明确的定义，"从三角形的一个顶点到对边的垂直线段是三角形的高，这条对边是三角形的底"。根据这个定义，上图中学生画出的线段 BD 只能说是与从 A 点向对边 BC 的延长线画出的高等长的线段，但不是以 B 为顶点画出的这个三角形的高。

3. 教师应该引导学生在真正理解三角形高的基础上，正确地画出以 B 为顶点，以 AC 为底的三角形 ABC 的高 BE。

4. 关于三角形的高，教师应知道：因为每个三角形有 3

个顶点、3 条边，所以每个三角形都可以从它的任意一个顶点向它的对边（或对边的延长线）作高，可作三条，这三条高（或其延长线）交于一点，这个点叫作三角形的垂心。教师还应知道：三角形的高是从顶点到对边垂足之间的线段，定义中的"高"是"线段"（形），而计算三角形的面积时，面积计算公式中的"高"是"线段的长度"（数）。⚫

为什么不说成"两条短边之和大于第三边" >>

"三角形任意两边之和大于第三边"为什么不说成"两条短边之和大于第三边"?

Q

A

"三角形任意两边之和大于第三边",这是三角形的一个性质。这个性质告诉我们:只要是三角形,它的任意两边之和就一定大于第三边。

根据三角形的这个性质,可以判断三条线段能否组成三角形。例如,下列长度的三组线段能否组成三角形?(1)5cm,6cm,10cm;(2)5cm,6cm,11cm;(3)3cm,4cm,8cm。判断时可以看任意两边之和是否大于第三边:(1)因为5 + 6 > 10,5 + 10 > 6,6 + 10 > 5,所以这三条线段能组成三角形;(2)因为5 + 6 = 11,5 + 11 > 6,6 + 11 > 5,所以这三条线段不能组成三角形;(3)因为3 + 4 < 8,3 + 8 > 4,4 + 8 > 3,所以这三条线段不能组成三角形。由此我们可以发现:如果只看其中一组边的和是否大于第三边,还不能正确判断三条线段能否组成三角形;如果三条线段中的两条短边之和大于第三边,就能保证任意两边之和大于第三边。为了简便,在判断三条线段能否组成三角形时,只需看两条短边之和是否大于第三边即可。

如果把三角形的这个性质叙述成"两条短边之和大于第三边",显然又是不确切的,道理很简单,因为在三角形中,不但两条短边之和大于第三边,而且任意两边之和都大于第三边。

通过小棒围三角形得到结论"三角形任意两边之和大于第三边",教学时可以怎样改进 >>

教学"三角形任意两边之和大于第三边",常见的教学方法是让学生动手操作,用小棒围三角形。从初步发现"不一定能围"到发现"能围:两边之和大于第三边;不能围:两边之和等于或小于第三边"。在此基础上,再通过围、画、量、算等探索和验证活动得到结论。这样教,哪些地方可以改进?怎样改进?

上述"流行"的教学方法,应该说是现行小学教学教材从小学生的年龄特征出发,设计提供给教师的,让学生在"玩"中学数学。教材的这个设计在逻辑上有改进的余地,因为"三角形任意两边之和大于第三边"同"三角形内角和等于180°"一样,是平面内三角形的性质定理。性质定理告诉我们:只要符合"三角形"这个前提条件,那么性质就成立,即只要是三角形,它的任意两边之和就大于第三边,它的内角和就等于180°。而用小棒围三角形判定和解决的问题是怎样的三边能围成三角形。两者虽不能说风马牛不相及,但至少在逻辑上是存在一些问题的。

其实,验证"三角形任意两边之和大于第三边"这个结论,其依据是学生已经知道的"两点之间线段最短"这个基本事实,利用这个基本事实就能直接推理出这个结论。所以,教学时不必花大量时间让学生用小棒围三角形,而是应该先复习"两点之间线段最短"这个基本事实，然后利用这个基本事实，通过简单的逻辑推理表述这个结论，最后根据结论判断怎样的三边能围成三角形。如果班级学生有"尺规作图"的基础，那么可以结合尺规作图，让学生通过动手操作，经历用直尺和圆规画三角形的过程，探索两边之和大于第三边，并说出其中的道理，感知数学基本事实与数学命题之间的关系，培养推理意识，形成会用数学的思维思考现实世界的数学素养。🔺

129 教学"三角形的内角和等于180°",怎样做情况会有较大的改善 》

三角形的内角和等于180°,教学时常用的方法有三种,即量、拼、证。小学生主要采用前两种。教学实践告诉我们:量,学生中会出现内角和大于180°、等于180°和小于180°三种情况;拼,学生中会出现撕拼和折拼两种情况,但总有一部分学生拼不出一个平角。怎样做情况会有较大的改善?

"三角形的内角和等于180°"是三角形的一个重要性质。教学时,从特殊三角形或一般三角形引入,在探索"三角形的内角和等于180°"这个问题时,学生首先想到的方法是用量角器量出每个内角的度数,然后计算和是多少度(可复习一下测量方法,测量前先标出每个内角的小弧线也有必要)。由于测量存在误差,结果确是有上述三种情况。这时,有的教师这样引导:通过测量、计算,三角形的内角和有的等于180°,有的接近180°,相差多的大多是测量时方法错误或计算、读数错误。其实,这里除了指出出现误差的原因,还有必要引导学生回忆一下180°是一个什么角,为"拼"打基础、指方向。接着可以这样问学生:除了测量的方法外,还有其他的方法来求得三角形的内角和吗?引导学生用拼的方法直观验证三角形的内角和等于180°。操作时,教师可做如下指导:

第二部分 图形与几何

197

撕拼方法：撕拼前，先在三个内角上用弧线作标记，随手撕即可，不要用剪刀剪，因为用剪刀剪拼时反而易把内角搞错。

折拼方法：先用对折的方法找到三角形三条边中两条边的中点，然后以这两个中点的连线为准向第三条边翻折，使三角形的一个顶点和这条边（底边）重合，再通过翻折分别将三角形的另两个顶点和这个点重合，这样就拼成了一个平角。

当然，以上两种方法仅是通过直观操作进行了小学生可以知道和理解的验证。通过作平行线的方法进行证明（包括证明折拼方法一定能拼成平角），那是中学的要求了。🔺

苏教版《数学》四年级上册第八单元例1是认识射线和直线，例2、例3、例4、例5分别是认识角、角的度量、角的分类和画角，例6、例7、例8分别是认识垂线、点到直线的距离、画垂线，例9、例10分别是认识平行线、画平行线。教学例6认识垂线，应注意哪些问题？

教学"认识垂线"，首先，应注意教材中的"画出""发现"这两个词语。"画出"：要体现由具体场景图——篱笆图、移窗图、地砖图抽象出（画出）三组相交直线这一几何图形的过程。"发现"：要引导学生通过观察、比较，用工具（量角器或三角尺上的直角）量一量或比一比，再在生生交流中归纳发现：每组两条直线都相交于一点，都相交成4个角，右边两组直线相交成的4个角都是直角。

其次，应注意引导学生概括并揭示：两条直线相交成直角时，这两条直线互相垂直，其中一条直线是另一条直线的垂线，这两条直线的交点叫作垂足。这句话其实包含了三个概念：互相垂直、垂线和垂足。理解这三个概念应说清两个关系，即相交与垂直的关系（相交不一定垂直，垂直必相交），互相垂直的两条直线的关系（谁是谁的垂线）；辨清两个概念——垂线，表示两条直线的位置关系，垂足，表示两条互相垂直的直线的交点。当然，根据班级学生的实际情

况，让学生结合实例说说垂线的两个特征（对称性：两条直
线相交所成的角左右、上下都一样大；确定性：知道了一条
垂线和垂足的位置，就可以确定另一条垂线的位置），也是
可以的。👤

131 关于平面内两线段垂直关系的疑问 >>

垂直通常看作是两条直线的位置关系，在平面几何中的定义是：当两条直线相交成直角时，这两条直线互相垂直。教材中没有给出两条线段互相垂直的定义或判定依据，因此老师们产生了分歧。观点一认为，就线段而言，只要两条线段所在的直线互相垂直，两线段就互相垂直。观点二认为，互相垂直的两条线段必须有实实在在的交点。究竟怎样理解才正确呢？

Q

的确，在小学里没有给出两条线段互相垂直的定义或判定依据，而在小学图形与几何领域里常常出现的是线段的垂直。例如，平行四边形的高是指从平行四边形的一条边上的一点到它对边的垂直线段，这里所说的"一条边上的一点到它对边的垂直线段"和"对边"都是指线段。考虑到小学教材的实际情况和小学生的接受能力，判断同一平面内两条线段互相垂直要关注两个要素，一是两条线段相交成直角，二是有交点。对小学生而言，即使"没有交点的两条线段"所在的直线互相垂直，他们也不必知道这两条线段是互相垂直的。当然，在小学里最好不要去涉及这类问题。

第二部分 图形与几何

201

　　人教版《数学》四年级上册第 56 页给出了"平行线"的定义：在同一个平面内不相交的两条直线叫作平行线。学生作业中出现一道判断题"在同一平面内，两条直线如果不相交，就一定平行"，对此老师们有争议。根据教材的定义我认为应算对，但也有老师说还有可能两条直线重合。在小学阶段，要不要考虑重合这种情况？

　　"在同一平面内，两条直线如果不相交，就一定平行"这个判断应该算正确。这是因为，关于平行线的定义，完整的表述是：在同一平面内，不重合的两条直线不相交，这两条直线叫作平行线。它是排除重合这种情况的。在小学图形与几何领域的教学中，虽然用到"重合"这个词，如量角的大小时，量角器的中心要和角的顶点重合，0°刻度线要和角的一边重合，但没有讲到两条直线的重合。两条直线的重合应该在教学平面解析几何直线与直线的位置关系时才讲，即当表示两条直线的方程所组成的方程组无解时，两直线平行；只有一组解时，两直线相交于一点；有无穷多组解时，两直线重合。所以，让小学生判断时可以不考虑重合这种情况。

小学数学教材讲到平行与垂直时，总有教师问：在同一平面内两直线的位置关系到底有几种？是三种（相交、平行和重合），还是两种（相交和平行）？

我们可以先查阅一下初中数学教材。北师大版初中数学教材是这样叙述的："我们知道，在同一平面内，两条直线的位置关系有相交和平行两种。"沪科版和苏科版初中数学教材没有直接讲两直线的位置关系，但对平行线作了如下定义："在同一平面内，不相交的两条直线叫作平行线。"这个定义学生可以理解为：在同一平面内，两直线的位置关系只有相交和平行两种。这三个版本的教材都没有把重合当作两直线的位置关系。人教版初中数学教材是这样描述的："在同一平面内，不重合的两条直线只有两种位置关系：相交和平行。"虽然从这个描述中我们可以看出，相交和平行这两种位置关系是在不重合的前提下讨论的，即除了相交和平行，两条直线也有可能重合，但教材显然淡化了重合。以上是初中数学教材关于在同一平面内两直线位置关系的描述。因此，小学数学教学中，两直线的位置关系只讲相交和平行这两种是符合课标、教材要求的，也是符合学生的认知规律的。🏔

第二部分　图形与几何

长（正）方体不在同一"面"内的两条长（宽、高）也互相平行，怎么教 >>

北师大版《数学》四年级上册"平移与平行"中的"实践活动"为：准备一个长方体或正方体的纸盒，说一说它的哪些边是互相平行的。教学中，当有学生指出不在同一"面"内的两条长（宽、高）也互相平行，教师怎么处理？

A

研究两条直线的位置关系（相交与平行），是在同一平面内研究的，主要应让学生看着纸盒说出长方体或正方体六个表面中，同一个面内哪些边是互相平行的。当然，如果有学生说到长方体或正方体对角面内两条边也互相平行，教师可作肯定，并用教具或多媒体作演示说明。例如，从下图中可以看出，长方体 $ABCD - A'B'C'D'$ 中，AA' 平行于 CC' 。

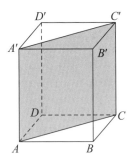

这对培养学生的空间观念、发展学生的空间思维能力是有好处的。

关于周长的一点疑惑 >>

有这样一道填空题：在一张边长是 10 厘米的正方形纸上剪去一个长 6 厘米、宽 4 厘米的长方形，剩下部分的周长最大是（　　　）厘米。

对于此题，由于剪去的长方形位置不确定，从而有多种剪法。具体如图 1～图 4 所示。

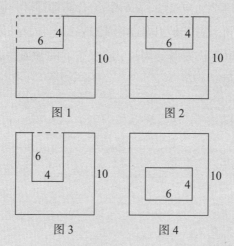

图 1　　　　　　　　图 2

图 3　　　　　　　　图 4

图 1～图 3 中"剩下部分"的周长容易求得，而对于图 4 的周长，老师们产生了分歧。有的认为图 4 的周长是 $10 \times 4 = 40$（厘米），有的认为是 $10 \times 4 + (6 + 4) \times 2 = 60$（厘米）。那么，这个像"回"字形的图形，它的周长究竟指的是哪里？

平面图形中，一类是多边形和圆（简单图形），另一类是组合图形。多边形的周长（包括凹多边形）是指围成多边形的各条线段的长度之和，围成圆的曲线的长度叫圆的周长。图1、图2、图3均属于此类，它们的周长容易求得。组合图形是指由两个或两个以上的简单图形组合而成的图形。小学阶段学习组合图形，主要是计算它们的面积。当然，有时也需要计算它们某些部分的长度，但为了防止产生歧义，一般需要明确地加以说明，如计算组合图形圆环外圆的周长或内圆的周长。图4是组合图形，如果指明计算外面正方形的周长，或里面长方形的周长，或求它们的和或差，就不会有歧义了。🏵

136 有关平行四边形的这两个知识点要涉及吗 >>

有关图形的运动有两个知识点,一是"平行四边形
是轴对称图形吗",二是"把平行四边形放大或缩小"。
这两个知识点在小学数学教学中要涉及吗?

我们知道,现行小学数学教材在认识平行四边形、长方
形和正方形时仅点到长方形和正方形的关系,而没有揭示平
行四边形与长方形和正方形的关系。但有的教材(如苏教
版)在六年级下册总复习时出示下图:

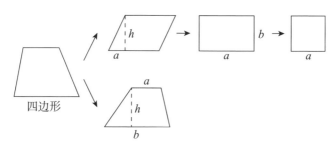

所以可以这样说,长方形、正方形是特殊的平行四边形
这个知识点学生是不清楚的。因此,教学图形的运动时,让
学生判断平行四边形是不是轴对称图形,学生确易认为平行
四边形不是轴对称图形。

小学数学教材中虽有"图形的放大和缩小"这个内容,
但它仅限于"能利用方格纸按一定比例将简单图形放大或
缩小",没有涉及图形的相似,更没有涉及相似多边形各角
分别相等、各边成比例这些知识点。所以,要求学生在方

第二部分　图形与几何

207

格纸上将平行四边形按 2：1 的比在原图上放大时，一些学生错误地画出如下图形在所难免。

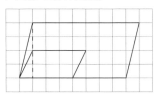

因此，教材未揭示平行四边形与长方形、正方形的关系，在图形的运动中不涉及平行四边形是不是轴对称图形这个知识点；没有讲相似多边形各角分别相等、各边成比例这个知识点，不涉及平行四边形（不包括特殊的平行四边形）的放大、缩小，应该说是明智之举。🔚

137 梯形的上底和下底如何界定 >>

"认识梯形"一节中，各版本教材均未明确给出梯形的上底、下底的定义。梯形的上底和下底应按位置界定，还是按长短界定呢？教学中如何向学生说明？

一组对边平行，另一组对边不平行的四边形叫作梯形。平行的两边叫作梯形的底，不平行的两边叫作梯形的腰。怎样区分梯形的上底和下底呢？从字面上理解，应该以底的位置来界定，即把画在上面的底称为上底，画在下面的底称为下底，教学中多数教师采用这种方法。但这样界定带来的问题是，如果梯形是这种形式▢，那么怎样界定上底、下底呢？为了避免这种情况，也为了称呼上的方便，通常把较短的底称为上底，把较长的底称为下底。"通常"而已，并非定论。⚖

138 应该认识尺上标准的1厘米吗 >>

教学"认识厘米"时，有的教师认为不要借助电脑屏幕让学生认识屏幕中放大的1厘米，而应该先让学生认识尺上标准的1厘米。认识厘米，应该先认识尺上标准的1厘米吗？

Q

A

厘米应该是测量教学中学生认识的第一个常用单位。这一块测量教学，教材一般分两块内容，一块是认识统一测量单位的必要性，另一块是认识常用的测量单位。在认识常用的测量单位时，教师应抓住认、记、变三个关键字。

认，即认识标准的常用单位。例如，认识1厘米，应该先让学生在尺上认识标准的1厘米，屏幕上放大的1厘米只能是"看作"1厘米。

记，让学生在头脑中建立常用单位的表象。例如，认识1厘米，可让学生比画1厘米的长度，画1厘米长的线段，在尺上找1厘米（尺上相邻两个数字之间的长度为1厘米），找生活中或身体上大约为1厘米长度的物体或部位等。通过这些活动，让学生建立1厘米的表象。

变，在建立单位长度表象的基础上，通过变式让学生在尺上找几厘米，如2厘米、5厘米、10厘米等，让学生知道：几厘米就是几个1厘米的累加，几个1厘米就是几厘米；尺上从0刻度线到数字几，就是几厘米。

当然，量（liàng）是量（liáng）出来的，应该在认识单位

小学数学教学

疑难答问

210

长度的基础上让学生多动手测量，量实物、量图形的边，渗透一点可测性、可加性、不变性、误差性和估测等方面的知识，从而让学生在测量中逐步建立量感。⚄

正方形面积计算公式是类推出来的吗 >>

　　三年级长方形面积计算公式教学一般是通过小组合作，动手操作，拼摆或测量若干个不同的长方形，让学生观察发现：长方形的面积是由它所含的单位正方形的个数决定的，而长方形所含的单位正方形的个数是由"每排个数"和"排数"这两个数量决定的，"每排个数"和"排数"则由长方形的长和宽的数量决定。在此基础上，通过归纳推导出长方形面积计算公式。正方形面积计算公式应和长方形一样通过归纳推导出来，还是通过类比或其他方法推导出来呢？

　　我们知道，逻辑推理主要包括两大类：一类是从特殊到一般的推理，推理形式主要有归纳和类比；另一类是从一般到特殊的推理，推理形式主要有演绎。

　　小学数学中，长方形面积计算公式是由学生自主操作，通过拼摆出若干个不同的长方形（可视作若干个特殊的长方形），观察、发现、验证、归纳得出的，这个过程的确是从特殊到一般的归纳推理。在得到长方形面积计算公式后，教材和教师一般会让学生回忆长方形和正方形的关系、正方形的特点，进而推导出正方形面积计算公式，这个过程是根据长方形面积计算公式（一般）推导出正方形面积计算公式（特殊）的过程，显然属于演绎推理。所以可以这样说，长方形面积计算公式是通过归纳推理推导出来的，正方形面积计算公式是通过演绎推理推导出来的。

推理是数学的"命根子",是学习数学的基本的思维方式。小学数学几乎所有的学习活动都有数学推理的影子。重视它、研究它,是提升学生数学核心素养的必由之路。🐱

"可以用尺量"说错了吗 >>

教学长方形面积计算公式，出示例题中 4×3 的长方形，教师问：怎样知道这个长方形的面积是多少？本意是让学生说用 1 平方厘米的正方形去量，即看每排能摆几个正方形，摆几排。当学生说"可以用尺量"时，教师立即作了否定。学生这样说，错了吗？

Q

通常，"尺量长短""秤称轻重""表看时间""器（量角器）定（角的）大小"，这些都是直接计量。当然，用单位正方形（体）去量某个长方形（体）的面（体）积，也是直接计量。但在一般情况下，面积、体积是通过间接计量得到的。例如，求长方形的面积，先量它的长和宽，然后计算它的面积；求长方体的体积，先量它的长、宽、高，然后计算它的体积。所以，学生回答"可以用尺量"并没有错，教师在这里可暂不作出否定，然后引导学生联系面积概念和比较面积大小的方法，让学生意识到可以用单位正方形去直接计量，从而为发现、归纳长方形的面积计算公式作铺垫。

141 多边形内角和公式为什么不用 $180° \times n - 360°$ »

现行教材包括初中数学教材推导出的多边形内角和公式一般都是 $(n-2) \times 180°$（公式一），这是为什么？其实，用 $180° \times n - 360°$（公式二）作为多边形内角和公式，学生既易理解，又易记忆。

Q

多边形内角和，苏教版教材放在四年级下册"探索规律"这部分内容里，目的是让学生经历如下过程——

提出问题：由三角形的内角和是 $180°$，直接提出四边形、五边形、六边形……的内角和是多少度的问题；

寻求方法：把求多边形内角和的问题转化成求若干个三角形内角和的问题；

发现规律：探索多边形内角和与它的边数之间的关系，进而推导出多边形内角和公式；

回顾反思：通过回顾观察、思考、转化、有序、推导、发现规律的过程，感悟数学的一些思考方法，发展空间观念，培养动手操作能力和逻辑推理能力。

比较这两个公式，公式二学生虽易理解记忆，但探索味淡，不利于学生推理意识的提升和几何直观能力的增强，而且用公式二计算多边形内角和也比用公式一更复杂。🔖

第二部分 图形与几何

日常教学中，用割补法将平行四边形转化为长方形，推导出平行四边形面积计算公式，出示的通常是如图 1 所示的平行四边形。但遇到如图 2 所示的平行四边形（不旋转成如图 1 所示的位置），即平行四边形上底的正射影全在下底之外，显然用上述割补法将其转化为长方形有困难，怎么办？

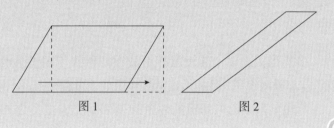

图 1　　　　　　　图 2

《数学通报》2022 年第 6 期发表的詹升娜、代钦的《傅种孙对数学教师教育的贡献》一文回答了这个问题。傅种孙先生借助阿基米德公理（阿基米德公理几何描述：在长短不一的两条线段中，总可以在较长的线段上连续取较短的线段，并且截到某一次以后，必出现下面两种情况之一：没有剩余；得到一条短于较短线段的剩余线段），给出了下列两种方法：

方法一（图 3）：$ABC'D' =_{(+)} ABD'D''$，

$ABD'D'' =_{(+)} ABD''D'''$，

$ABD''D''' =_{(+)} ABD'''D''''$，

$ABD''' D'''' = {}_{(\ +\ )} ABCD$。

所以，$ABC'D' = {}_{(\ +\ )} ABCD$，即同底等高的平行四边形和长方形，二者等积。

注意：这里长线段是 DC'，短线段是 AB，剩余线段是 DD''''。上面四个表示面积相等的等式，都是用割补法证明。

方法二（图 4）：看似割补，但背后蕴含的亦是阿基米德公理，将平行四边形分割成六块小图形，再将这六块小图形拼补在长方形上，发现这六块小图形拼在一起正好与大长方形重合，即同底等高的平行四边形和长方形，二者等积。

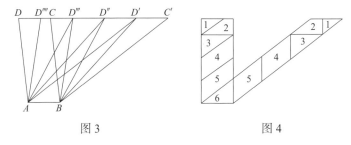

图 3 　　　　　　　　 图 4

仔细阅读，确能给我们多方面的启示。⚫

"圆是由曲线围成的没有顶点的图形"，这是小学里圆的描述性定义吗 >>

苏教版小学数学教材"圆的认识"安排了两道例题。例1认识圆和画圆，例2认识圆的特征。有的教师认为，例1让学生通过比较圆和多边形，知道"圆是由曲线围成的没有顶点的图形"，就算完成了圆的认识，这句话是小学里圆的描述性定义。这个认识正确吗？

苏教版小学数学教材"圆的认识"例1的教学活动其实可分为三个层次：一是抽象，通过实物图让学生充分感知、抽象出圆的图形；二是比较，引导学生比较圆和多边形的异同，知道圆和多边形都是平面图形，多边形由线段围成，有顶点，而圆由曲线围成，没有顶点；三是画圆，知道用圆规画圆的注意点。有的教师在例1第一、第二层次教学结束后，告诉学生"圆是由曲线围成的没有顶点的图形"，认为这句话是小学阶段圆的描述性定义，这个认识是不严谨的，这句话仅是小学生对圆的初步感知。

认识是一个过程，认数、认形都是这样。教材例1、例2都是在认识圆。例1的第三层次，通过画圆，一方面让学生知道怎样画圆，认识圆的三大要素——圆心、半径、直径，另一方面为教学例2圆的特征打基础，也是在加深学生对圆的认识。例2圆的特征的教学，意在让学生知道：同一个圆里，半径、直径有无数条，所有的半径都相等，所有的直径也都相等,直径的长度是半径的 2 倍;圆是轴对称图形,有无数条对称轴。这当然也是在逐步完善对圆的认识。其实,本单元其他内容的教学也可看作认识圆的教学,因为即使到了中学,圆的定义也是分阶段逐步揭示、逐步完善的。☯

圆心在圆上吗 >>

"圆心在圆上，没有圆心怎能画出圆？""圆心怎么在圆上呢？如果圆心在圆上，怎样解读圆的半径等概念（连接圆心和圆上任意一点的线段是半径）？"这两种观点常出现在教师的争议中。圆心在圆上吗？

A

　　小学数学教材中没有给出圆的定义，只简单地描述性地介绍圆是由曲线围成的没有顶点的图形；通过画圆，介绍圆的三要素——圆心、半径和直径；介绍半径和直径的关系、圆是轴对称图形以及"一中同长"等知识点。有些教师没有清楚地把握圆的定义和有关知识，在认识上产生了一些误区。其实，从"圆心在圆上吗"这个问题出发，图形与几何领域中的相关知识，以下几点教师必须明确。

　　1. 我们看到的物体都是立体的，图形与几何中的点、线、面、体是从立体图形中抽象出来的概念。

　　2. 点不分大小，线不分粗细，面不分厚薄，这些抽象的概念本身是不存在的，或者说这些抽象的概念只是一种理念上的存在。

　　3. 教师教学中创设的现实情境，如从自行车的车轮、钟面等引入圆，这些物体或图片是圆的认知基础，是数学概念中圆的生活原型，但它们不是数学中的圆，更不是数学。

　　4. 从具体的情境到抽象的数学概念，一般有一个从具体到抽象的数学化的过程。中学数学教材清楚地告诉我们，圆的定义是：在平面内把线段 OP 绕着固定的端点 O 旋转一周，另一个端点 P 随之旋转所形成的图形叫作圆。固定的端点 O 叫作圆心，线段 OP 叫作半径。由定义可知：圆是到定点的距离等于定长的点的集合。圆把平面上所有的点分成圆上的点、圆内的点和圆外的点三类。

可以明确地说，圆心虽然是圆定义表述中不可或缺的要素，但按照定义，圆上的点集不包括圆心。圆是指"圆周"，而不是"圆面"，圆心可看作圆内的点，不是圆上的点，因此不在圆上。⊛

145 圆是特殊的扇形吗 >>

> 圆是否可以看作圆心角为 360°，弧两端的两条半径重合的一种特殊的扇形？

Q

圆和扇形是两个不同的概念，它们之间既有联系又有区别。

关于圆的概念，现行小学数学教材大多采用描述性定义：圆是由曲线围成的没有顶点的图形。初中数学教材采用的定义为：在一个平面内，线段 OA 绕它固定的一个端点 O 旋转一周，另一个端点 A 所形成的图形叫作圆，圆是到定点的距离等于定长的点的集合。

扇形的定义是：由圆心角的两条半径和圆心角所对的弧所围成的图形叫作扇形。

由上可知，圆是一条封闭曲线，圆上每一点到圆心的距离都相等。扇形是由两条线段（圆心角的两条半径）和一段弧（圆心角所对的弧）围成的图形。

当然，当扇形的圆心角为 360° 时（ n = 360°），扇形的面积计算公式变成了圆面积计算公式：

$$S = \frac{n \pi r^2}{360} = \frac{360 \pi r^2}{360} = \pi r^2$$

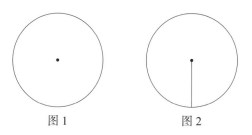

图 1   图 2

    所以，这时扇形可以"看作"圆，或圆可以"看作"圆心角是 360° 的扇形。但请注意：这里仅是"看作"，不能认为圆是特殊的扇形。事实上，这时圆和扇形的图形也是有区别的，前者为图 1，后者为图 2。⚐

"直径是半径的 2 倍"这类判断题怎么处理 >>

"直径是半径的 2 倍"或者"半径是直径的二分之一",诸如此类的判断题到底是正确的还是错误的?有的教师认为不正确,因为必须加上条件——在同一个圆内。但这道题的考点似乎不在于此,应该是重在直径和半径的关系;可是不加又不够严谨。到底应该怎么处理?

此类问题如果以书面形式呈现,应判为错误,因为必须加上前提条件:在同圆或等圆中,直径是半径的 2 倍。但如果在前提已说明或清楚的话语环境下,省略前提也未尝不可。

有这样一道题目：一个钟表的时针长 10 厘米，经过一昼夜，时针扫过的面积是多少平方厘米？时针的针尖走过多少厘米？

"一昼夜"即 24 小时，时针需要转两圈，对于针尖走过的路程没有疑义，需要用针尖走 1 圈走过的路程 "×2"。而对于"时针扫过的面积"，需不需要用时针走 1 圈扫过的面积 "×2" 呢？

根据题意，求针尖走过的路程需要用针尖走 1 圈走过的路程 "×2"，求时针扫过的面积也需要用时针走 1 圈扫过的面积 "×2"。🔧

第二部分　图形与几何

225

圆环有周长吗 >>

封闭图形一周的长度叫作周长。那么，圆环有没有周长？如果有，它的周长该怎么表示？

封闭图形一周边线的长度叫作周长。它有三个要点：封闭图形，一周边线，长度。它的本质是长度，即包含多少个单位长度。

小学阶段，圆环一般不视作封闭图形。圆环是由两个大小不同的圆组合而成的图形，因此通常称它为组合图形。组合图形以计算其面积为主，若要计算组合图形某一部分的长度，为防止产生歧义，需要加以说明，如计算某个圆环外圆的周长或内圆的周长，或内、外圆周长的和或差。说明白了，就不会产生歧义。

149 π 是怎样得来的 >>

《小学数学教师》2014 年第 2 期中，陈永明老师指出 π 不是除出来的。那么，π 这个无限不循环小数究竟是怎样得来的呢？

现行中小学数学教材关于圆周率是这样叙述的：任何一个圆的周长与它的直径的比值是一个固定的数，我们把它叫作圆周率，用字母 π 表示。它是一个无限不循环小数，π = 3.1415926535…。

我们知道，用一个有理数无法精确地表示一个圆的周长，这里的"圆的周长"其实是用圆的内接正多边形的周长来近似地代替，当圆的内接正多边形的边数成倍地增加时，圆的内接正多边形的周长越来越接近圆的周长，和直径的比逐渐接近一个固定的数，即圆周率。其实，圆周率不仅是一个无理数，还是一个超越数。

据记载，大约在公元前 2000 年之前，古巴比伦人就使用 $3\frac{1}{8}$（ =3.125 ）作为圆周率的近似值。我国古代就有"周三径一"的记录。π 的第一次严格的计算是由阿基米德给出的，他使用了很多圆的内接与外切多边形的周长来逼近圆，得到 $3\frac{10}{71} < \pi < 3\frac{1}{7}$。$3\frac{1}{7}$，即 $\frac{22}{7}$，是祖冲之独立发现并命名为"约率"的 π 的一个精度较低的近似值，祖冲之把另一个精度较高的渐近分数 $\frac{355}{113}$ 称为 π 的"密率"，他还把 π 计

第二部分 图形与几何

227

算到了小数点之后的第 7 位。祖冲之的"约率"和"密率"是很科学的，它们分别是 π 的连分数展开式的第 1 个和第 3 个渐近分数，即

$$\pi = 3 + \cfrac{1}{7 + \cfrac{1}{15 + \cfrac{1}{1 + \cdots}}},$$

它的第 1 个渐近分数是

$$3 + \frac{1}{7} = \frac{22}{7} \approx 3.14,$$

它的第 3 个渐近分数是

$$3 + \cfrac{1}{7 + \cfrac{1}{15 + 1}} = \frac{355}{113} \approx 3.1416。$$

到 17 世纪，随着微积分的发明，出现了一些从本质上计算 π 的公式，如英国数学家约翰·沃利斯得到的：

$$\frac{\pi}{2} = \frac{2 \cdot 2 \cdot 4 \cdot 4 \cdot 6 \cdot 6 \cdot 8 \cdot 8 \cdots}{1 \cdot 3 \cdot 3 \cdot 5 \cdot 5 \cdot 7 \cdot 7 \cdot 9 \cdots}。$$

关于 π 的最著名、最简洁也是最优美的解析式，是由苏格兰数学家格雷戈里和德国数学家莱布尼茨分别于 1671 年和 1674 年独立地发现的：

$$\frac{\pi}{4} = 1 - \frac{1}{3} + \frac{1}{5} - \frac{1}{7} + \frac{1}{9} - \frac{1}{11} + \cdots。$$

1910 年，印度数学家拉玛努扬发现了天书一样令人不可思议的下述公式：

$$\frac{1}{\pi} = \frac{2\sqrt{2}}{9801} \sum_{k=0}^{\infty} \frac{4k!(1103 + 26390k)}{(k!)^4 \cdot 396^{4k}}。$$

用此公式，哥伦比亚大学的教授们在 1994 年把 π 值计算到了小数点后 40 亿位。

1976 年，数学家萨拉明和布伦特独立地发现了 π 的新算法：

$$a_k = \frac{a_{k-1} + b_{k-1}}{2}, \ b_k = \sqrt{a_{k-1} b_{k-1}}, \ c_k = a_k^2 - b_k^2,$$

$$s_k = s_{k-1} - 2^k c_k, \ p_k = \frac{2a_k^2}{s_k},$$

其中，$a_0 = 1$，$b_0 = \frac{\sqrt{2}}{2}$，$s_0 = \frac{1}{2}$，$k = 1$，2，3，$\cdots$

当 k 趋向无穷大时，P_k 的极限为 π。

由这个递推数列多次迭代，在计算机上计算 π 的速度比以往任何经典公式都快，东京大学的教授们多次使用上述方法，并由此改进与设计出 3 次、4 次迭代公式，1995 年在日立超级计算机上将 π 计算到十进小数的 64 亿位，据说现在已将 π 计算到小数点后的 12411 亿位。

由上面简单的介绍（详细内容可参阅《数学通报》2003年第 7 期《数律条条美绝伦》一文）可以看出，π 是算出来的。当然，对小学生而言，只需要说明它是圆的周长和直径的比值，是算出来的（说早期是除出来的也无妨），了解教材上的"你知道吗"等有关内容就可以了。

π 和 $\sqrt{2}$、e 是数学中的三个基本常数，人们在研究这三个数的过程中收获了许多，有人称它们为"生出金蛋的母鸡"。随着计算方法和计算技术的不断更新，现在对它们的计算结果精确度的要求，几乎达到了要多少位就有多少位的程度。这些计算机技术在现代科学和工程领域中有着广泛的应用。同时，对它们的精确度的计算，不仅是对现代计算机软件的完整性和完美性的一个良好测试，而且在这个过程中也促进了更先进的计算方法和计算技术的问世。🐣

教学目标怎样写更规范 >>

"使学生……"是现在多数教师写课时教学目标时的常用词。认真研读"课标 2022 年版",怎样写教学目标规范呢？

马云鹏教授在《中国教育报》2022 年 9 月 2 日第 9 版"课程周刊"中示范了一个单元（多边形面积）、一节课（平行四边形面积）教学目标的写法。

单元目标（多边形面积）

1. 会计算平行四边形、三角形、梯形面积；

2. 运用面积单位或转化的方法探索平行四边形、三角形、梯形面积的计算方法；

3. 养成严谨求实的学习态度；

4. 能运用平面图形面积公式解决问题；

5. 形成量感、空间观念和几何直观。

课时目标（平行四边形面积）

1. 会计算平行四边形面积；

2. 运用面积单位或转化的方法探索平行四边形面积的计算方法；

3. 养成严谨求实的学习态度；

4. 形成量感、空间观念和几何直观。

简明、清楚是马教授撰写的教学目标给我们最深的印象。他以实例启示我们写教学目标应注意以下几点：

1. 课标是依据。课标中的"课程目标""内容要求""学业要求""学业质量"和附录中的"有关行为动词的分类"是制订教学目标的重要依据。

2. 单元是基础。基于结构化主题的单元整体教学，要求我们在整体分析单元内容的基础上制订单元教学目标，它是制订每课时教学目标的前提和基础。

3. 内容是重点。确定可操作的具体内容是制订教学目标的重点。要特别注意目标表述的完整，不能仅有"双基"和"结果目标"的内容，还应从"四基""四能""情感态度价值观"等方面综合考虑，学习态度和习惯的养成，量感、空间观念、几何直观和推理意识等的培养都需要考虑，最终指向学生核心素养的形成和发展。

4. 表述要规范。根据课标总目标的表述方法，学生是默认的学习主体，表述时"学生"这个主语可省略，"使学生……""让学生……"这些常用词不符合课标所倡导的"学生是学习的主体"的精神和理念，语句一般可采用"行为动词加目标内容"的形式，简单明了；"四基""四能"，习惯态度，核心素养所对应的行为动词的选用要正确，例如，小学阶段，数学课程培养的核心素养的十一种主要表现，习惯上使用"形成"和"发展"〔怎样记住十一种主要表现？用一句口诀就能解决："一能、四感（观）、六意识"。"一能"，即运算能力；"四感（观）"，即数感、量感、几何直观和空间观念；"六意识"，分成三对，记住其首字即可，"符数"（符号意识、数据意识），"推模"（推理意识、模型意识），"创应"（创新意识、应用意识）〕；常用的"初步了解……的含义"，对照"行为动词的分类"可知表述方式并不规范。泉州师范学院苏明强老师发表在《小学教学》（数学版）2022

年 7—8 期的《〈义务教育数学课程标准（2022 年版）〉行为动词解读及教学启示》一文，对教学目标的规范拟写有一定的指导性。

当然，随着课标学习的深入和修订教材的出版与使用，结合自己班级学生实际和个人教学风格的教学目标拟写肯定会越来越规范。🐌

151 梯形面积计算公式背后的道理 >>

教学梯形的面积计算时，教材练习中出现了下面这
道题（下图）。请问：圆木总根数为什么能用梯形面积计
算公式求解？是什么道理？

生活中圆木、钢管等经常像下图这样堆放，这样就可以用下面的方法求
总根数：

（顶层根数＋底层根数）×层数÷2

计算图中圆木的总根数。

A

用梯形的面积计算公式求钢管、圆木根数的题目是教材
中的传统题。其本质上与等差数列求和公式相通。许多高
中教材在推导等差数列前 n 项和公式时，直观图就是这样
的。例如，苏科版高中数学教材"等差数列的前 n 项和"一
节中，先出示图 1，并出示题目：最上面的一层有 4 根钢管，
下面的每一层都比上一层多 1 根，最下面的一层有 9 根，求
这堆钢管的总数。假设在它的一侧倒放着同样一堆钢管（图
2），那么每层的钢管数都等于 4 ＋ 9，共 6 层，从而原来钢管
的总数为 $\dfrac{6 \times (4 + 9)}{2} = 39$（根）。

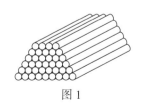

图 1

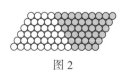

图 2

一般地，如何求等差数列 $\{a_n\}$ 的前 n 项和 S_n？

设等差数列 $\{a_n\}$ 的首项为 a_1，公差为 d，则

$$S_n = a_1 + a_2 + \cdots + a_n$$
$$= a_1 + (a_1 + d) + \cdots + [a_1 + (n-1)d]。 \text{①}$$

把各项的次序反过来，S_n 又可以写成

$$S_n = a_n + a_{n-1} + \cdots + a_1$$
$$= a_n + (a_n - d) + \cdots + [a_n - (n-1)d]。 \text{②}$$

由①+②，得

$$2S_n = (a_1 + a_n) + (a_1 + a_n) + \cdots + (a_1 + a_n)$$
$$= n(a_1 + a_n),$$

由此可得，等差数列 $\{a_n\}$ 的前 n 项和公式 $S_n = \dfrac{n(a_1 + a_n)}{2}$。

若把一根根钢管看作一个个单位正方形，由等差数列前 n 项和公式的推导过程，我们可以从中发现梯形面积计算公式推导过程的思维和背景，并理解将用梯形面积计算公式求钢管根数作为传统题的道理。当然，我们也可以理解其中的数形关系以及利用梯形面积计算公式求钢管根数的方法和道理。🔺

苏教版《数学》五年级上册"钉子板上的多边形"探索题中,点子图上出现的多边形都是凸多边形(下图)。而在教学中,有的教师包括一些名师、特级教师都会出示凹多边形。教材中为什么不出凹多边形?

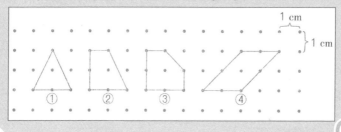

A

教材中不出凹多边形是符合选材要求和学生的认知规律的。

理由之一:我们知道这个内容的知识背景是"皮克公式" $\left(S = a + \dfrac{b}{2} - 1 \text{,其中 } S \text{ 表示多边形的面积,} a \text{ 表示多边} \right.$ 形内部的格点数,b 表示多边形边上的格点数 $\Big)$。据有关资料介绍,虽然皮克公式适用于不自交的简单多边形,即适用于凡是图形上任意两点的连接线段,都落在图形内的多边形(凸多边形),和有落在图形外的多边形(凹多边形),但是因为凹多边形的形状比凸多边形复杂,而且一些凸多边形的特征凹多边形不一定有或需要作补充、修正(如凸多边形的外角和等于 360°,对凹多边形而言,必须修正为凹多边形的外角代数和为 360°，且必须说明逆时针旋转的角为正角，顺时针旋转的角为负角），所以现行教材包括初中教材研究的多边形都是凸多边形，小学更应如此。

　　理由之二：苏教版小学数学教材安排这个内容的主要目的不是学习皮克公式，用皮克公式计算多边形的面积，而是让学生通过操作、观察、猜测、验证等活动，发现钉子板上围出的多边形的面积与它的边所经过的钉子数以及多边形内部的钉子数之间的数量关系，会用含有字母的式子表示发现的规律；让学生在发现规律、探索规律和表达规律的过程中，感受数学抽象的意义，增强发现问题、提出问题的意识，培养观察、比较、分析和简单的推理能力，积累数学活动经验。所以，教材只出凸多边形是符合教学目标的。⚄

从点到线、面、体的构成中，面和体一定是封闭的吗？角是面吗？太阳光照射的一片是面吗？

人民教育出版社出版的《小学数学教师手册》这样描述体、面、线、点、角——

体：当我们只研究一个物体的形状和大小，而不研究它的其他性质的时候，我们就把这个物体叫作几何体，简称体。体有长、宽和高，并且占有一定的空间。

面：体是由面围成的，面有平面，有曲面，面是体的界限。面有长、宽，没有高。

线：面和面相交于线。线有直线，有曲线。线是面的界限。线只有长，没有宽、高。

点：线和线相交于点。点是线的界限，点只有位置，没有大小，即没有长、宽、高。

角：以一点为公共端点的两条射线所组成的图形叫作角。这个公共端点叫作角的顶点，这两条射线叫作角的边，角也可以看作是由一条射线绕着它的端点旋转而成的。角的大小与夹角两边的长短无关，而与夹角两边的位置相关。

由这些描述性定义可知，面和体是封闭的。

史宁中教授主编的《基本概念与运算法则——小学数学教学中的核心问题》一书中专门有一篇讲如何理解点、线、面、体、角。现摘些要点供阅读时参考：

小学数学中涉及的点、线、面、体、角都是平直的。这些概念的特点是看得见，说不清。人们看到的物体都是立体的，点、线、面、体、角是从立体图形中抽象出来的概念。点不分大小，线不分宽窄，面不分薄厚。这些抽象了的概念本身是不存在的，或者说，这些抽象了的概念只是一种理念上的存在。

　　角是一个很难描述清楚，很难理解的概念。角是指图形中的什么？是指射线之间的面积吗？关于角还是应当给出描述性定义。例如，可利用图形给出角的描述性定义：所示的图形∠称为角。角由两条线段所夹部分组成，这两条线段的一个端点重合，称这两条线段为角的边，角的大小与边长无关。"角的大小与边长无关"这句话是本质的，因为这句话既概括了射线的情况，又利于对角的理解。角的大小是由这个角对应的单位圆的弦长决定的。

关于体积的一点困惑 >>

一个生鸡蛋加热变成煎鸡蛋之后，它的体积发生变化了吗？如何跟学生讲清楚其中的道理？进一步说，学生的思维常常是天马行空，创造力十足，遇到这类问题时，教师应该如何应对？

Q

体积在现行小学数学教材中的定义为：物体所占空间的大小，叫作这个物体的体积。我们知道，数学中主要研究几何体的形状、大小和位置关系，而不研究它的其他性质。

一个生鸡蛋，若蛋壳中只有蛋清和蛋黄，打开后它的体积应看作没有发生变化；若经物理加工变成了煎鸡蛋，体积理应发生了变化。如你所言，小学生的思维常常是天马行空，创造力十足，遇到这类情况时，既要肯定他们敢想敢说的精神，又要引导他们用数学的眼光观察现实世界，用数学的思维思考现实世界，用数学的语言表达现实世界。🐢

第二部分 图形与几何

一张纸是长方体还是长方形 >>

"一张 A4 纸是一个长方体"，这道判断题对吗？

正如史宁中教授在《基本概念与运算法则——小学数学教学中的核心问题》一书中所说："在现实世界中，抽象了的数是不存在的，存在的只是数所对应的数量。"在现实世界中，抽象了的图形也是不存在的，存在的只是图形所对应的物体。在日常生活中，人们看到的物体都是立体的，无疑，看到的纸即使是一张 A4 纸，也是立体的。否则，几十张、几百张 A4 纸叠在一起怎么会有厚度呢？所以，一张纸的形状是长方体。

约定俗成，一些教师在数学教学中将一张白纸"看作"长方形，将用木条或硬纸条制作而成、用于演示的活动角和活动的平行四边形"看作"角和平行四边形，将三角尺"看作"三角形等，但仅是"看作"而已。

长方体长、宽、高的位置怎样定？教学中是否要结合长方体的图示说明长方体的长、宽、高分别是哪一条？

长方体（正方体）是由 6 个长方形（正方形）围成的几何体。它的相邻两个面的公共边叫作棱。三条棱相交的点叫作顶点。相交于一个点的三条棱，分别叫作长、宽、高。至于这三条棱哪一条是长，哪一条是宽，哪一条是高，数学教材中没有严格的规定。习惯上，在直观图上一般按如下方式表示长方体的长、宽、高。👆

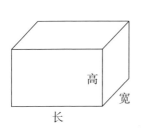
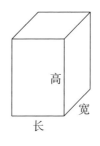

怎样搭立体图形才规范 >>

一个立体图形从正面看是 ，从左面看是 ⌐，搭成这样的立体图形至少需要几个 ⬚？

参考答案是 5 个，即：

有学生用 4 个小正方体搭了一下，即：

我的问题是：用 ⬚ 搭立体图形时，棱与棱接触的情况考虑吗？

Q

小学数学教学
疑难答问

A

在小学数学图形与几何领域的教学中经常会出现一些有关动手操作的词，如"摆""拼""搭""折"等。这些词在数学教学中虽无非常精准的解读，但已基本形成共识。例如，在平面内摆或拼正方形，一般摆或拼的方法为 ⊞ ⊟，即边与边重合，不摆或拼成点与点重合，如 ◇，因为后者位置易变化、难确定。同样的道理，立体图形摆或搭的一般方法为 ⬚ ⬚，即面与面重合，不摆或搭成棱与棱重合，如 ⬚，即一般不考虑棱与棱接触的情况，更不会摆或搭成部分面与面重合，如 ，理由同样是这样摆或搭，图形之间的位置易变化、难确定，而面与面重合的图形位置一定。所以，这道题目的参考答案是 5 个。当个别学生出现上述拼搭方法时，教师可根据具体情况进行说明和指导。🔚

画空间图形的直观图,怎样画更加规范?

Q

A

画空间图形的直观图,实际上就是用一个平面图形来表示空间图形。所以,要画空间图形的直观图,首先要会画水平放置的图形的直观图,通常有斜二测画法和正等测画法两种。

斜二测画法的主要规则有如下两条:

1. 在已知图形中取互相垂直的轴 Ox、Oy,画直观图时,把 Ox、Oy 画成对应的轴 $O'x'$、$O'y'$,使 $\angle x'O'y' = 45°$(或 $135°$),$O'x'$ 和 $O'y'$ 所确定的平面表示水平平面。

2. 已知图形中平行于 x 轴的线段,在直观图中与 x' 轴平行,且长度不变;平行于 y 轴的线段,在直观图中与 y' 轴平行,但长度缩短为原长度的一半。

例如,画水平放置的边长为 2cm 的正方形 $ABCD$ 的直观图(下左图)。

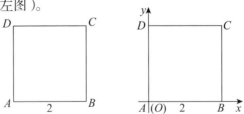

第一步:在已知正方形 $ABCD$ 中,先取 AB 所在的直线为 Ox 轴,取 AD 所在的直线为 Oy 轴(上右图),然后画对应的 $O'x'$ 轴、$O'y'$ 轴,使 $\angle x'O'y' = 45°$。

第二步：在 $O'x'$ 轴上取 $O'B' = AB = 2\,\mathrm{cm}$，画 $B'C' /\!/ O'y'$ 且 $B'C' = \dfrac{1}{2}BC = 1\,\mathrm{cm}$，在 $O'y'$ 上取 $O'D' = \dfrac{1}{2}AD = 1\,\mathrm{cm}$（下左图）。

第三步：联结 $D'C'$，去掉辅助线，$A'B'C'D'$ 就是水平放置的边长为 2cm 的正方形 $ABCD$ 的直观图（下右图）。

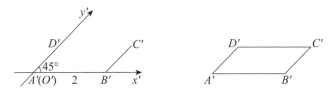

立体图形的直观图与平面图形的直观图比，多一根与 $O'x'$ 轴、$O'y'$ 轴垂直的 $O'z'$ 轴，立体图形中平行于 Oz 轴的线段，在直观图中都平行于 $O'z'$ 轴，且长度保持不变。平面 $x'O'y'$ 表示水平平面，平面 $y'O'z'$ 和 $x'O'z'$ 表示直立平面。

例如，画棱长为 2 厘米的正方体 $ABCD$–$A'B'C'D'$ 的直观图，如下图所示。

第一步：画轴。$O'x'$、$O'y'$ 轴可按斜二测画法画出，$O'z'$ 轴画成与水平方向垂直。

第二步：画底面。按 $O'x'$ 轴、$O'y'$ 轴画正方体底面正方形 $ABCD$ 的直观图。

第三步：画侧棱。过底面正方形 $ABCD$ 直观图的多个顶点分别作 $O'z'$ 轴的平行线，并从各顶点开始在这些平行线上分别截取等于原正方体高 2cm 的线段（下左图）。

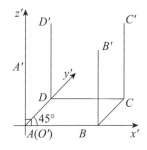 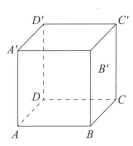

第四步：成图。顺次联结截得的各点，去掉辅助线，把被遮挡的部分改为虚线（上页右图）。

以上应该是用斜二测画法画直观图的规范画法。在现行高中数学教材立体几何部分或其他有关教材中都能找到这方面的介绍。

九年义务教育阶段，有的地区没有教学上述画直观图的要求，但教师在画直观图时有几点可以作为参考：

1. 画图顺序：底面—侧棱—成图；

2. 画底面正方形的直观图，一内角为 45°；

3. 图中平行于 $O'x'$ 轴、$O'z'$ 轴的线段长度不变，平行于 $O'y'$ 轴的线段为原长度的一半；

4. 被遮挡部分改为虚线。

当然，教师或学生为解决实际问题画的分析示意草图，出于便捷的考虑，用从上到下、从左到右或其他的方法画，应该也可以。🈷

正方体的展开图是否有必要详细探究？学生需要掌握所有的展开图吗？

Ｑ

Ａ

教学正方体的展开图是培养学生空间观念的一个重要途径。在这一教学过程中，通过开展剪一剪、折一折等操作活动，一方面可以加深学生对正方体基本特征的认识，另一方面可以为学生学习正方体表面积打下基础，从而发展空间观念，提升数学思维水平。

苏教版小学数学教材中，这一内容的教学过程是这样设计的：首先，安排例题教学正方体的展开图。有序组织学生操作，引导学生通过观察、操作和想象，充分感知展开图与实物之间的联系，认识正方体展开图是由 6 个完全一样的正方形组成的平面图形（三维立体图转化成二维平面图）。接着，可要求学生沿着其他棱试着剪一剪（注意要让正方体的面两两相连，不能把所有的棱都剪开）并与同伴交流，帮助学生体会正方体展开图中 3 组相对面的位置关系。在此基础上，再让学生试一试，引导学生将一个长方体纸盒沿着一些棱剪开，得到长方体的展开图，并在展开图中找到长方体的 3 组相对的面（可以通过折叠找到 3 组相对面），知道展开图中长方形与长方体的面之间的对应关系。最后，通过练习，进一步体会正方体、长方体展开图的特点，加深对它们的特征的认识，体会长方体、正方体的面与展开图中的长方形、正方形面的对应关系，为探索其表面积的计算奠定基础，培养学生的空间想象力，发展学生的数学思维。

　　教学正方体的展开图时，有的教师为了让学生记住全部 11 种不同的展开类型，会让学生背诵一些口诀："一四一""一三二"，"一"在同层可任意；三个二，成阶梯，二个三，"日"状连；一层必有"日"，整体没有"田"。其实，这样做并不好。在小学阶段，一无这个教学要求，二容易造成学生死记硬背，从而错失了培养空间想象力的机会。当然，教师自己记住这些口诀和类型，对教学是有些好处的。⊛

正方体的展开图教学仅为表面积计算服务吗 >>

教学正方体、长方体的展开图，教材一般安排在认识长方体、正方体之后，计算长方体、正方体表面积之前。所以有的教师认为，展开图的教学就是为正确计算长方体、正方体的表面积服务的，这样理解对吗？

就"四基""四能"而言，"正方体的展开图"的教学目标应该有三个。一是巩固对长方体、正方体特征的认识。二是为计算长方体、正方体的表面积打基础。除了这两个显性目标，还有一个重要的隐性目标是把三维立体图形和展开后的二维平面图形建立联系（展开后，立体图形转化为平面图形；折叠后，平面图形转化为立体图形）。教学时，三个目标缺一不可。

另外，在教学时还应注意以下几点：

1. 指导学生展开的方法。展开是沿着棱剪，不能剪面，展开图应面面相连，不能把正方体任意剪为一个个正方形。

2. 鼓励学生动手操作。展开的过程不能光看教师示范，还应让学生自己动手操作，并通过交流发现按照不同剪法得到的展开图不一定相同，知道展开图有多种情况，可归纳为"一四一"型、"一三二"型、"二二二"型、"三三"型等，但没有必要让学生记住全部十一种情况。

当然，通过操作、想象，在展开图上找三组相对的面，发现相对的面不相邻，知道长方体展开时既要关注面，又要关注棱，这对发展学生的空间观念和空间想象能力都有好处。🔺

圆柱的表面积一定大于它的侧面积吗 »

判断题"圆柱的表面积一定大于(它的)侧面积",
是对还是错?如果这是一个无底无盖的圆柱呢?

Q

A

以矩形的一边所在的直线为旋转轴,其余各边旋转一周
所围成的几何体叫作圆柱。圆柱的表面积(全面积)等于它
的侧面积与两个底面的面积的和。严格地讲,数学中不存在
无底无盖的圆柱,至于生活中有底无盖或无底无盖的圆柱形
物体,那是生活中的物体,而不是数学中的圆柱。数学中的
圆柱是生活中圆柱形物体抽象出来的旋转体,它的表面积就
等于它的侧面积与两个底面积的和。由此可知,圆柱的表面
积一定大于它的侧面积。

数和量通常怎样界定，有何关联 >>

　　"课标 2022 年版"在核心素养的主要表现及其内涵里，既有原来的"数感"，又新增了"量感"。数和量通常怎样界定，有何关联？

　　数和量都是数学中最基本的概念，都是基于人类生活和生产实践的需要，逐步形成和发展起来的。

　　数是对数量的抽象，是事物数量关系的抽象反映，是一种数学符号。

　　量是客观事物所具有的能区别程度异同的属性。例如，事物的多少、大小、长短、轻重、高低、快慢等属性都是量。

　　数是数出来的，量是量出来的；量的主要特征就在于它可以量，也就是取一个同类量作标准时，可以比较大小。这种把要测定的量和一个作为标准的同类量进行比较的过程叫作计量。

　　量可以分为离散量和连续量。班级的人数、书的本数、苹果的个数等都是离散量，它们都可以直接用计数的方法来计量；不能直接用计数的方法来计量的量叫作连续量，长度、面积、体积、时间、速度等都是连续量。

　　简言之，量是可测定的对象，数是量的一种表达方式。

　　数感主要是指对数与数量、数量关系及运算结果的直观感悟。量感主要是指对事物的可测量属性及大小关系的直观感知。"课标 2022 年版"中说得很清楚。

"几何直观"与"数形结合"是不是同一个概念的两种不同的说法？如果不是，它们有什么区别和联系？在小学数学教材中，有没有具体的例子说明"几何直观"与"数形结合"的区别？

A

"课标2022年版"中指出，"几何直观"一词"主要是指运用图表描述和分析问题的意识与习惯"。"数形结合"一般是指运用数学研究的两类对象"数"和"形"之间的关系来解决问题的数学思想方法。数学家华罗庚对数形结合作过非常精辟的刻画：形使数更直观，数使形更入微。

一般而言，小学数学里凡是利用图形（主要是几何图形，如线段图、平面图形、立体图形）来描述和分析问题的，都可以称之为几何直观。凡是体现"数"和"形"之间关系的（如用数轴，数对确定位置或正、反比例图像等）都可以称之为数形结合。当然，后者很难说不是几何直观，前者也很难说不是数形结合。正如曹培英先生在《跨越断层，走出误区："数学课程标准"核心词的解读与实践研究》一书中所说的，"这些概念间的差异，实在微不足道，可以忽略不计""理论研究需要咬文嚼字，实际教学看重操作、策略与实效"。

164 单位长度一定是1吗 >>

如何确定单位长度？例如，下图中的数轴只有刻度 0、2、4、6、8，它的单位长度是2吗？

$$\begin{array}{c|cccc} \hline 0 & 2 & 4 & 6 & 8 \end{array}\!\!\longrightarrow$$

初中数学教材中关于数轴是这样定义的：

1. 画一条水平直线，并在这条直线上任取一点表示0，我们把这点称为原点。

2. 把这条直线上从原点向右的方向规定为正方向（画箭头表示），向左的方向规定为负方向。

3. 取适当长度为单位长度，在直线上，从原点向右每隔一个单位长度取一点，依次表示1，2，3······从原点向左每隔一个单位长度取一点，依次表示−1，−2，−3······

像这样，规定了原点、正方向和单位长度的直线叫作数轴。

从上可知，单位长度的确是人为规定的，可任意确定，"取适当长度"即可。

当然，在数轴上取点时，是从原点向右（左）每隔一个单位长度取一点，依次表示1（−1），2（−2），3（−3）······表示哪些点，标哪些数，可根据具体情况确定，但单位长度是指0到1之间的长度。

关于估测的两小问 >>

（1）估测的对错需要给出标准吗？一般我们说"差不多就行"，但对于二年级的孩子来说，究竟多少是"差不多"，他们似乎不理解。

（2）在教学"厘米和米"单元后，学生依然对50厘米以内长的物体估错，甚至错得很离谱。教师应该如何提供方法上的指导呢？

A

估测是估计、预测的意思。它一般是指根据具体条件对事物的数量或计算结果作出估计或大概的推断。估测结果和测量结果之间的差距可以用来评价估测的准确程度，也就是一般所说的估测得准确、估测得可以和估测得太离谱等。

估测，不能凭空进行，而应凭借已有知识、经验进行，而且一般不能超出一定的近似范围。教学"厘米和米"单元有关长度的估测，应该借助对厘米和米的正确认识进行。这就要求在认识厘米和米时做好充分的准备。一般而言，认识厘米和米这两个长度单位时应抓住"认""记""变"三个关键字，即先让学生在尺上认识1厘米（1米）标准长度，然后通过判断、测量、比画，以及在生活中找大约是1厘米长的物体和画1厘米等活动，让学生形成1厘米的表象，并联系实际进行记忆。在此基础上，还可以通过创设变式训练，如从以尺上的0刻度线为起点找（画）1 厘米、n 厘米到以非 0 刻度线为起点找（画）1 厘米、n 厘米等操作活动，让学生在认识中经历过程，抓住本质，积累经验。认识到位，并稍作估测示范和注意点的提醒，相信效果会好得多。⚠️

166 关于长度单位和面积单位的两点疑惑 >>

（1）千米和米是相邻的两个长度单位吗？

（2）教师教学用书中明确指出三个法定土地计量单位是平方千米、公顷、平方米。期末试卷中有这样一道判断题：相邻两个面积单位间的进率都是100。请问：如何判断？是否考虑公亩？

Q

256

A

（1）常用的长度单位有千米、米、分米、厘米和毫米，主单位是米。"米"相邻的长度单位是"分米"（dm）和"十米"（dam），1十米是1米的十倍，1分米是1米的十分之一。"米"的百倍是"百米"（hm），"米"的千倍是"千米"（km）。"十米""百米"也是长度单位，只是它们同"丝米"（1丝米是万分之一米）、"忽米"（1忽米是十万分之一米）、"微米"（1微米是百万分之一米）均不常用而已。

（2）常用的面积单位有平方米、平方分米、平方厘米；常用的地积单位有平方千米、公顷、公亩。现行小学数学教材讲面积单位，主要介绍平方米、平方分米、平方厘米；讲地积单位，主要介绍平方千米和公顷。当然，相邻两个面积（地积）单位之间的进率都是100，1平方千米 = 100公顷，1公顷 = 100公亩，1公亩 = 100平方米、1平方米 = 100平方分米，1平方分米 = 100平方厘米，1平方厘米 = 100平方毫米。考虑到我国的实际情况和小学生的年龄特征，现行小学数学教材中不介绍"公亩"这个地积单位，所以类似这样的判断题不出为好。

167 | 15 度还是 75 度 >>

　　某次四年级期末数学考试中有这样一道试题：把一副三角尺中的一把三角尺的一个锐角与另一把三角尺的一个锐角拼在一起，拼成的角最小是多少度？阅卷时是以 75° 为标准答案，可是有学生家长反映写 15° 也对。究竟哪一种答案对呢？

Q

　　"拼"可理解为拼接，也可理解为拼合，可理解为左右无缝拼接（图 1），也可理解为上下无缝拼合（图 2）。

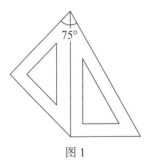

图 1

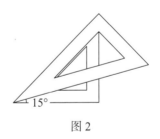

图 2

　　图 1 中所表角的度数为 75°，图 2 中所表角的度数为 15°，都可理解为"一副三角尺中的一把三角尺的一个锐角与另一把三角尺的一个锐角拼在一起"所拼成的角。（除非说明拼的时候两块三角尺必须平摆在同一平面内，此时才只有图 1 符合题意）题目要求"拼成的角最小是多少度"，所以此题的标准答案是 15°，而不是 75°。（可参考人教版《数学》七年级上册第 135 页）

第二部分　图形与几何

257

（1）用 24 米的篱笆围成一块长方形菜地，一面靠墙，长、宽取整米数，怎样围面积最大？通过列表枚举，可以发现当长是宽的 2 倍，即长 12 米，宽 6 米时，面积最大。类似的问题都是长是宽的 2 倍时面积最大。

（2）用篱笆围成一块面积为 36 平方米的长方形菜地，一面靠墙，长、宽取整米数，怎样围所用篱笆最短？学生用枚举法找出了正确答案。将数据改变后，例如，当面积为 24 平方米时，长与宽取 6 和 4，或 8 和 3 时周长最小，是 14 米。

请问：这样的题目有规律吗？背后的道理又是什么？

A

解决这样的题目确有规律。

类似（1）的问题，的确长是宽的 2 倍时面积最大，可参照初中一元二次函数的最值问题来解决。

解：设篱笆总长为 L 米，长方形菜地宽 x 米，则长为 $(L-2x)$ 米。

$$S = x(L-2x) = -2\left(x - \frac{L}{4}\right)^2 + \frac{L^2}{8}。$$

当 $x = \dfrac{L}{4}$ 时，$S_{max} = \dfrac{L^2}{8}$。$\left(\text{此时宽为 } \dfrac{L}{4}，\text{长为 } L - 2 \times \dfrac{L}{4}\right.$ $= \dfrac{L}{2}。\Big)$

因此，当篱笆总长一定，长是宽的 2 倍时面积最大。

（2）可利用高中的不等式知识求最值。

设字母的意义同上，则有 $\frac{S}{x} = L - 2x$，所以

$$L = \frac{S}{x} + 2x \geqslant 2\sqrt{\frac{S}{x} \cdot 2x} = 2\sqrt{2S}。$$

令 $\frac{S}{x} = 2x$，解得 $x = \frac{\sqrt{2S}}{2}$，此时 $L_{\min} = 2\sqrt{2S}$。仍可验证，当面积一定，长是宽的 2 倍时，篱笆长最小。

但要注意，以上解答都去掉了"长、宽取整米数"这一条件。只有以这个条件为前提，才能使这类问题只有有限种情况。

小学生一般都知道，周长相同的长方形中，长和宽越接近，面积越大，当长和宽相等（即成正方形）时面积最大。

小学生可用列表枚举的方法解决此类问题。

解（1）时，有的教师将题目转化为正方形的情况来求解（下图），则有 $24 \times 2 = 48$，$48 \div 4 = 12$，$12 \div 2 = 6$。所以，当长为 12 米，宽为 6 米时，面积最大。

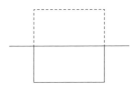

解（2）时，因为面积为 36 平方米，$36 = 1 \times 36 = 2 \times 18 = 3 \times 12 = 4 \times 9 = 6 \times 6$。经计算，长取 9 米，宽取 4 米时，所用篱笆最短。而面积转为 24 平方米时，$24 = 1 \times 24 = 2 \times 12 = 3 \times 8 = 4 \times 6$。经计算，长取 8 米，宽取 3 米，或长取 6 米，宽取 4 米时，所用篱笆最短。🔺

解决这类问题要用"进一法"吗 >>

苏教版《数学》六年级下册第二单元的内容是"圆柱和圆锥"。教材中设计了几道用铁皮材料做一个圆柱形水（油）桶的练习，计算水（油）桶至少需要多少铁皮，要求得数保留一位小数或两位小数。在解决这类问题时，是用"进一法"还是用"四舍五入法"保留得数的小数位数？

Q

A

取近似值，应该根据题目要求和具体情况作具体分析。这个单元与之相关的习题有三道。

1. 一个圆柱形油桶，底面直径是 0.6 米，高是 1 米。做这个油桶至少需要铁皮多少平方米？（得数保留两位小数）（第 13 页练习二第 5 题）

解：$2\pi r^2 + 2\pi rh = 2\pi r\,(r + h) = 2.4492$（平方米）$\approx$ 2.45（平方米）。

根据题目要求得数保留两位小数，取近似值时已经"五入"，符合"至少"这个条件，所以做这个油桶至少需要铁皮 2.45 平方米。

2. 一个圆柱形铁皮水桶，上面没有盖，高是 6 分米，底面半径是 1.8 分米。做这个水桶大约要用铁皮多少平方分米？（第 14 页练习二第 9 题）

解：$\pi r^2 + 2\pi rh = \pi r\,(r + 2h) = 24.84\pi\;(\mathrm{dm})^2$。

题目只要求"大约"，所以 24.84π 平方分米这个答案没有问题。

3. 一个圆柱形油桶，从里面量，底面直径是 40 厘米，高是 50 厘米。

（1）它的容积是多少升？

（2）如果 1 升柴油重 0.85 千克，这个油桶可装柴油多少千克？（得数保留一位小数）

（3）做这样一个油桶，至少需要铁皮多少平方分米？（得数保留一位小数）（第 18 页练习三第 11 题）

（1）（2）解答略。

（3）解：$2\pi r^2 + 2\pi rh = 2\pi r(r+h) = 8792$（平方厘米）$= 87.92$（平方分米）$\approx 88.0$（平方分米）。

题目要求得数保留一位小数，"四舍五入"后得到的 87.9 虽符合保留一位小数的条件，但不符合"至少"这个条件，所以至少需要铁皮 88.0 平方分米。

如果学生中出现"87.9 平方分米"这个结果，教师可追问：至少需要铁皮 87.9 平方分米，符合实际吗？然后进一步指出，通常情况下，我们按"四舍五入法"取近似值，但有时也要根据题目的实际情况灵活采用更加合适的方法，这样才能保证求得的结果符合实际。⚄

第二部分 图形与几何

图形的测量主要包括哪些内容？在图形的测量教学中，教师最应注意哪些关键词？

图形的测量是培养学生量感的主阵地，它主要包括两部分内容，一是常见的长度单位、面积单位和体积单位的认识，二是图形周长、面积和体积的计算。

常见的长度、面积和体积单位的认识一般分两块内容，一块是感知统一单位的必要性，另一块是认识常见单位。感知统一单位的必要性，要让学生在比较中确认；认识常见单位，则要注意"认""记""变"三个字。"认"要认标准单位；"记"要通过比画、画、找等方法帮助学生记忆；"变"即变式，要通过变式理解本质。例如，认识平方厘米，从认识 1 平方厘米到认识几平方厘米，让学生理解几平方厘米是几个 1 平方厘米的累加，几个 1 平方厘米就是几平方厘米。在此基础上，通过操作（画、量等）练习、应用巩固来加深认识。

教学图形周长、面积和体积的计算时，要特别注意以下几个关键词：

依据。周长、面积和体积计算公式的推导依据是图形的特征和关联，所以认识图形、掌握特征是公式推导、理解、记忆、沟通、关联的依据。

本质。周长、面积和体积的本质是数。例如，求图形的面积需要求封闭图形区域包含的单位正方形（度量单位）的个数，这是它的本质。周长、体积的本质亦然。

推理。这些公式的推导中，有的是不完全归纳推理，如长方形面积计算公式的推导；有的是类比推理，如三角形面积计算公式的推导；有的是演绎推理，如正方形面积计算公式的推导。根据它们不同的推导过程设计教学过程，有利于学生理解、掌握。

沟通。教学中，要注意沟通这些公式的推导方法，沟通这些公式之间的关联也很重要。

形成量感，增强学生的空间观念是测量教学的主要目标。❀

图形的位置与运动

"认位置"的困惑 >>

苏教版《数学》一年级上册学习"认位置"时，学生容易分辨两个物体的相对位置关系。但是，由于物体的位置关系具有传递性，当在同一维度中的物体不止两个时，学生产生了困惑。例如，"想想做做"第 3 题的冰箱情境（右图），白菜的上面是牛奶，还是牛奶、苹果和鸡蛋？又如，"想想做做"第 4 题的花朵涂色问题（下图），要求把红花左边的花涂红色。应该涂红花左边相邻的一朵，还是五朵都要

3.

苹果的上面是鸡蛋。

涂？教材配套光盘中将五朵都涂色了，但学生在练习说自己座位的前、后、左、右各是谁时，都默认只说一人。

4. 把左边的花涂红色，右边的花涂黄色。

小学数学教学疑难答问

学习"认位置"，正确地确定"参照点"是前提。

苏教版《数学》一年级上册"认位置"第 11 页"想想做做"第 4 题花朵涂色问题,《教师教学用书》和配套光盘的解读都是正确的。第 3 题冰箱情境若改问"白菜的上面是什么",正确答案应该是"白菜的上面是牛奶、苹果和鸡蛋",因为物体的位置关系具有传递性。至于学生在练习说座位的前、后、左、右各是谁时,如果都仅说一人,教师可根据实际情况作正确的引导。当然,若在问题中加入"相邻"一词,就只需说一人。这样做,对后续学习数轴、直角坐标系等相关知识都有好处。☺

一年级的"左右"问题 >>

在一年级教学"左右"的时候,学生往往分不清参照物——什么情况下参照物是观察者,什么情况下参照物是观察对象?例如,小动物排成一队,找出小猪左边第二个是谁。对于这类情况,教学中可以怎么处理?

Q

前后、左右、上下是一年级上册准备课"认位置"的教学内容。

小学阶段"认位置"主要有以下四块内容。1. 会用上下、左右、前后描述物体的相对位置;2. 给定东、南、西、北四个方向中的一个,能辨认其余三个方向,知道东北、西北、东南、西南四个方向;3. 能在方格纸上用数对表示位置;4. 能根据物体相对于参照点的方向和距离确定其位置。

在具体情境中认识上下、前后,小学生有比较丰富的生活经验,绝大部分学生都能清楚地加以辨认。但会有相当一部分学生分不清左右,其主要原因是辨认左右时经常涉及物体位置的相对性,以及以观察者还是被观察者为标准的问题。

其实,确定位置的前提是先确定标准。生活中,以太阳升起的方向为东方;在图上,以上北、下南、左西、右东为确定方向的标准;用数对表示位置,规定:竖排叫列,横排叫行,列从左往右数,行从前往后数,第 x 列第 y 行,可用数对 (x,y) 表示;用方向和距离确定位置,首先确定观察点,并规定东北方向叫北偏东，西北方向叫北偏西，东南方向叫南偏东，西南方向叫南偏西，然后用角度和距离确定位置。

一年级教学左右，一要充分利用学生已有的生活经验，借助对自己左手、右手的已有认识正确辨认左右。二要清楚地告诉学生以什么为标准（参照物）辨认左右。例如，把数学书摆在课桌的中间，把文具盒摆在数学书的右面，把练习本摆在数学书的左面，把直尺摆在文具盒的右面。这样把标准（参照物）说得清清楚楚，辨认就容易得多。三要恰当地控制辨认的难度，以免引起一年级学生认识上的混乱，增加不必要的学习负担，影响学生学好数学的自信心。事实上，随着学生年龄的增长和知识的积累，辨认位置并不太难。㊃

第二部分　图形与几何

Q

教学"用数对确定位置"一课，教师有哪些需要注意的关键点？

教学"用数对确定位置"，除了结合具体情境让学生理解数对的含义，逐步掌握用数对确定平面上点的位置的方法，感悟数形结合的数学思想方法，发展抽象思维，增强空间观念，还应注意以下几个关键词：

1. 需要。用数对确定位置是一种需要，简记数对也是一种需要。

2. 规则。用数对确定位置的规则是：通常把竖排叫作列，横排叫作行。一般情况下确定第 x 列要从左往右数，确定第 y 行要从前往后数（注意，这里的左、右、前、后是从观察者的角度确定的）。讲清这一点很重要，因为它对应于平面直角坐标系第一象限，可视作直角坐标系的原型。有的教师板书为十六个字：竖列横行，左起数列，前起数行，先列后行（注意，教学时要给学生一点记忆的时间）。

3. 规律。注意引导学生从教材相关练习中发现一些简单的规律。

4. 对应。知道一个数对对应于平面内一个确定的点，平面内一个点对应于一个有序数对。

5. 沟通。注意沟通已学过的确定位置的一些方法和经验，注意加强知识之间的联系和应用。

174 数对的读法 >>

苏教版《数学》五年级下册"确定位置"中首次出现了数对，并介绍了数对的写法，但数对到底该怎么读，是我的一个困惑。例如，(4，5)表示第(　)列第(　)行，读题时可以怎么读？

Q

A

平面内画两条互相垂直、原点重合的数轴可组成平面直角坐标系。水平的数轴称为 x 轴或横轴，习惯上取向右为正方向；竖直的数轴称为 y 轴或纵轴，取向上为正方向。

有了平面直角坐标系，平面内的点就可以用一个有序数对来表示了。（现行小学数学教材把竖排叫列，横排叫行，规定确定第几列要从左往右数，确定第几行要从下往上数）例如，A（4，3），这个数对怎么读，教材上没有特别说明。据我所知，小学里有的教师读作"A，括号，4，逗号，3，括号"；有的教师读作"A，括号，列4，行3，括号"。中学里有的教师读作"A，括号，横坐标4，纵坐标3，括号"；有的教师读作"A，括号，x—4，y—3，括号"；还有的教师简读作"A 点，4，3"。

其实，数对常见的读法有两种，一种是从左往右读表示形式，一种是读意义。A（4，3）可读作"A，括号，4，逗号，3，括号"；也可读作"A，括号，列4，行3，括号"。若读作"数对 4，3"，也是可以的。🐌

第二部分 图形与几何

两种方向的表达一样吗 >>

在有关方向的教学中,学生把"北偏东 40 度"说成
"东偏北 50 度",可以吗?

这两种说法的确都能确定方向,但习惯上我们一般说成
"北偏东""北偏西""南偏东""南偏西"。一是与航海有关,
在海上主要靠罗盘和指南针辨认方向,指南针只有南、北两
头指针,因此北与南比较好辨认,其他方位则以南和北为基
础来辨认;二是与地轴有关,地轴有南、北两极,其他方位
则在南、北的基础上作相应的规定,因此地理学上在确认方
向时多采用"北偏东""北偏西""南偏东""南偏西"的说法。
教学中,当学生出现把"北偏东 40 度"说成"东偏北 50 度"
的情况时,可结合指南针的例子帮助学生理解统一说为"北
偏东"的理由,以及这样说的好处是统一、简捷和有序。✍

"位置与变换"内容出现在青岛版《数学》三年级上册、人教版《数学》三年级下册。两本教材在介绍东北、东南、西北、西南时均让我感到困惑。例如,在定义东北方向时,青岛版教材明确规定"在东和北中间的这条线所指的方向是东北";人教版教材没有明确规定,但是用指南针作范例,隐含中间线的方向才是东北方向的意思。学生此时尚未学习具体度数的表达,北偏东可以统称为东北方向吗? 若习题中出现北偏东的位置关系,该怎么处理?

Q

A

"课标 2022 年版"第一学段(1~2 年级)关于方向的学业要求是给定东、南、西、北四个方向中的一个方向,能辨别其余三个方向,第二学段(3~4 年级)的要求是知道东北、西北、东南、西南四个方向,了解"点钟方向",会描绘物体所在的方向。注意这里所说的东、南、西、北、东北、西北、东南、西南八个方向是指正东、正南、正西、正北、正东北、正西北、正东南、正西南。所以,青岛版教材明确规定"在东和北中间的这条线所指的方向是东北",人教版用指南针作范例,隐含中间线的方向才是正确的(其他版本教材也是这样)。到第三学段(5~6 年级)才要求学生能根据物体相对于参照点的方向和距离确定其位置,在学生认识了北偏东、北偏西、南偏东、南偏西这些方向和距离后,就能确定涉及这些方向的物体的位置了。

观察物体看到的图形是"三视图"吗 >>

教学"观察物体（二）"时，有教师将从前面、上面和左面看到的图形简称为"三视图"，可以吗？

Q

A

在图形与几何领域的教学中，经常会碰到实物图、直观图、变式图和三视图等概念。

实物图一般指根据实际应用或真实的物品画的图。

直观图一般指在平面内绘制立体图形时，既将立体图形画得富有立体感，又能表达出图形各主要部分之间的位置关系和度量关系的图。

变式图是相对于标准图而言发生变化的图形。

三视图实质上是用从前往后正面看（主视图），从左往右侧面看（左视图），从上往下看（俯视图）的两两垂直的三组平行线，将物体投影到两两垂直的三个平面上得到的三个正投影图。

小学数学教材中没有出现"三视图"这一概念，有关这方面的教学要求，"课标 2022 年版"说得明明白白：1. 能根据具体事物、照片或直观图辨认从不同角度观察到的简单物体；2. 对于简单物体，能辨认不同方向（前面、侧面、上面）的形状图。

"图形的位置"教学时应注意哪些关键词 >>

小学阶段"图形的位置"主要学习哪些内容？教学
"图形的位置"，教师最应注意哪些问题，记住哪几个关
键词？

图形与几何领域研究的主要对象是图形的形状、大小与
位置关系。小学阶段关于"图形的位置"的学习内容主要是
两大块，一块是借助方格纸上的点，用有序数对（限于自然
数）表示点的位置，另一块是根据参照点的方向和距离确定
物体的位置。在此之前，有认识六个方位（上下、前后、左
右）和八个方向（东、南、西、北、东北、西北、东南、西南）
的启蒙教学。教学这些内容，教师最应记住的关键词是以下
几个。

1. 情境——熟悉。认识图形的位置，从认识生活中的
位置方向起，必须创设情境。创设情境可关注两个词，一是
熟悉，即尽量创设学生熟悉的情境。例如，学习"用数对确
定位置"，可创设教室学生座位的情境，这显然是学生熟悉
的。二是有趣，创设情境的主要目的是激发学生的学习兴
趣，所以创设情境的另一个关键词是有趣。例如，根据方向
和距离确定位置，有的教师创设军事演练的情境，有的教师
联系学校附近的标志性建筑物，有条件的学校还可借助信
息技术，融入光、声、色和动态演示。这样的情境既能激发
学生兴趣，又能快速集中学生的注意力，效果甚佳。启蒙教

学阶段让学生认识六个方位、八个方向要特别注意联系学生的生活实际,一些教师创设寻找宝藏的情境,实践证明是个好方法。

2. 规定——明确。我们知道描述物体的位置具有相对性,需要确定观测点。确定位置的方法有明确的规定。例如,认识八个方向中的东、南、西、北,规定以太阳升起的方向为东,落下的方向为西;地图上规定上北下南,左西右东;以东、西打头,认识东北、西北、东南、西南;教学"用数对确定位置",规定竖列横行,左起数列,前起数行,先列后行,用括号和数记录,用逗号分隔;用方向、距离确定位置,要先确定参照点,以指南针的指针南北打头(作为 0°刻度线)确定方向(角度),南偏东或南偏西,北偏东或北偏西,表达方式也很明确。教学时要让学生理解这些规定与表达的合理性和重要性。

3. 目标——清楚。教学"图形的位置",除了让学生认识确定位置的一些方法,掌握判断、表达的方法外,在实现上述目标的过程中,教师还应该清楚以下几条也很重要。一是认识图形的位置重在理解,例如,用数对确定位置,重在理解有序数对与方格纸上点的对应关系;二是沟通图形的位置关联,一维直线上用一个数可以确定一个点的位置,二维平面上确定位置需要两个要素:一个有序数对或者方向(角度)和距离可以确定一个点的位置;三是注意为学生学习后续知识奠定基础,学生第四学段将学习图形位置与坐标、图形运动与坐标,理解平面直角坐标系的有关概念,沟通代数与几何的关系,感悟数形结合的思想,发展学生的推理能力和运算能力,图形的位置是桥梁。🔢

179 实线还是虚线 >>

1. 画垂线时用实线，为什么画平行四边形、梯形以及三角形的高这样的垂线就得用虚线？虚线能表示线段吗？

2. 小学数学中轴对称图形的对称轴到底该用什么线来画？

关于几何图形中哪条线画实线，哪条线画虚线，据我所知：1. 轮廓线画实线；2. 立体图形中遮住的部分画虚线（也可不画）。除此之外，一般并无严格的规定。过去有些教材中规定轴对称图形的对称轴要画点划线（·—·—·—），现在也无此硬性规定。当然，在教学中，有的教师要求学生把辅助线或作图中的痕迹线等画成虚线，这些要求并无不妥，教师可按实际情况，在不违背教材要求的前提下作决定。

180 人的行走算平移吗 >>

人的行走算平移吗？绕圆形操场跑，算平移，旋转，还是既有平移也有旋转？

在平面内，将一个图形沿着某个方向移动一定的距离，这样的图形运动叫作图形的平移，平移不改变图形的形状、大小。

在平面内，将一个图形绕一个定点转动一定的角度，这样的图形运动称为图形的旋转，这个定点称为旋转中心，旋转的角度称为旋转角，旋转不改变图形的形状、大小。

平移和旋转是图形与几何领域"图形的位置与运动"中的术语。它们研究的对象是抽象了的图形，以现实生活中的现象为原型，但原型不是图形，图形也不是原型。所以，在数学中可以根据上述概念判断图形的运动是平移还是旋转，判断生活中某个现象是否可以"看作"平移或"看作"旋转。但数学中的平移和旋转与生活中的平移和旋转现象在概念上是有区别的，更何况生活中的一些现象比较复杂，往往不是单个运动方式，所以让小学生判断此类现象须慎重。🅰

小学数学教学

疑难答问

276

对称图形中的图案 »

教学"对称图形"时,教材中提供的往往是带有图案和色彩的图形,并且这些图形里的图案也是对称的,所以学生容易判断这些图形属于对称图形。但是,对称图形不是讲图形吗?到底要不要考虑上面的图案和颜色呢?(以下为青岛版教材中的图)

Q

教学轴对称图形,教师须注意以下几个概念。

1. 对称。对称是一种现象,不论是在自然界还是在建筑中,不论是在艺术中还是在科学中,甚至在最普通的日常生活用品中,对称这样的现象或形式都随处可见。自古以来,它被认为是和谐的、美丽的。

2. 轴对称图形。一个平面图形如果沿某条直线对折,对折的两部分能完全重合,那么就称这样的图形为轴对称图形。

3. 轴对称。把一个平面图形沿着某一条直线翻折过去,如果它能够与另一个平面图形重合,那么就说这两个图形形成轴对称。这里有必要提醒一下,"轴对称图形"和"轴对称"是两个不同的概念,前者反映一个平面图形的特征,后者反映两个平面图形之间的关系。当然,有时这两个不同的概念没有本质的区别。

4. 对称轴。对折时折痕所在的直线叫作对称轴。

由上可知，我们可以说某座建筑物或某件生活用品是对称的，但不能说某座建筑物或某件生活用品是轴对称图形；可以说某一个图形（如等腰三角形）是轴对称图形，不能说这个图形（如等腰三角形）是轴对称的；可以说圆的任意一条直径所在的直线都是这个圆的对称轴，不能说圆的任意一条直径都是这个圆的对称轴。

数学中研究的轴对称图形是平面图形。它是从实物或实物图形中抽象出来的。我们只研究图形的形状、大小、位置关系，不关注它的颜色。至于图形上的图案，在认识阶段可看作图形的一部分，判断时可作考虑的条件之一，但不关注颜色。所举青岛版教材中的图应看作轴对称图形。🔱

182 平面图形旋转以后，位置变了吗 >>

许多教师在教学"旋转和平移"时，说旋转后图形的位置发生了变化，是否欠妥？例如，平面上的图形旋转整数圈后，位置并没有发生改变。但是，平面上的图形绕一个定点旋转一定角度后，图形上的点的位置确实发生了变化。

A

平面图形的平移、旋转和轴对称是小学图形与几何领域"图形的位置与运动"中的内容。这类运动的共同特点是运动之后"保持任意两点间直线距离不变"，俗称刚体运动，刚体运动之后图形的形状不变。从运动角度考虑，当然都有运动的参照物，教师在教学中都必然明确运动的参照物。相对于参照物，运动以后图形的位置发生了变化，即使是"平面图形旋转整数圈后"，相对于参照物（原图形）位置也发生了变化，只不过是重合而已。当然，这种情况仅是旋转中的特例。所以，约定俗成，教学中教师说"旋转后图形的位置发生了变化"没有错，加上"一般而言"更严密。⚄

第二部分 图形与几何

279

183 平行四边形不是轴对称图形吗 >>

一节研究课,教师根据教材,让学生通过折纸认识轴
对称图形,最后得出结论:长方形、正方形折痕两边完全重
合,它们是轴对称图形,平行四边形不是轴对称图形。平
行四边形不是轴对称图形吗?课后,教师中发生了争议。

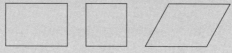

A

教师就"平行四边形不是轴对称图形"这句结论发生争
议是正常的,因为教师知道四边形之间的关系,长方形、正
方形是特殊的平行四边形,所以说长方形、正方形是轴对称
图形,而平行四边形不是轴对称图形,显然有违它们之间从
属的逻辑关系。学生认为长方形、正方形是轴对称图形,而
平行四边形不是轴对称图形,一方面是因为他们不熟悉四边
形之间的关系,即长方形是有一个内角是直角的平行四边
形,正方形是有一个内角是直角且邻边相等的平行四边
形;另一方面,他们所说的平行四边形不是轴对称图形,是指他
们手上折的这个平行四边形(上图)。当然,教师小结时应
注意在"平行四边形不是轴对称图形"前加上"这个"一词,
即"这个平行四边形不是轴对称图形",这样就没有问题了。

同理,讨论长方形有几条对称轴时,也不能一概而论,
也应在"长方形有两条对称轴"这句话之前加上"这个"一
词,因为正方形是特殊的长方形,而它有四条对称轴。

184 认识平移、旋转时，要不要讲它们的特征 >>

平移、旋转研究课后，总有教师围绕要不要讲它们的特征发生争议。到底要不要或可不可以讲它们的特征？

根据课标要求，现行小学数学教材介绍图形的五种运动方式：平移、旋转、轴对称、放大和缩小（主要是前三种）。认识平移和旋转时，一般先初步认识生活中的平移和旋转现象，然后在方格纸上认识图形的平移和旋转。要让学生知道平移、旋转的两大要素：方向和距离（角度），知道判断平移、旋转的基本方法。

我们知道，图形与几何领域主要研究图形的形状、大小和位置关系，而图形的运动与这三大要素密切相关。所以，在教学中应结合直观图，让学生在观察中发现，然后通过比较，归纳这两种运动的主要特征——形状不变，大小不变，位置变了，从而为初中认识图形运动的性质打基础。这样做应该是可以的且必须的。

第二部分 图形与几何

185 平移必须沿直线运动吗 》》

常听教师在教学"平移"时这样说：平移又称平行移动，物体平移是沿着直线运动的，或沿水平方向，或沿垂直方向，当然也可以沿斜的方向。平移必须沿直线运动吗？

A

现行小学数学教材根据学生的认知水平，所编制的有关平移的例题和习题大多是沿直线运动的。苏科版初中数学教材七年级下册中，平移的定义是：在平面内，将一个图形沿着某个方向移动一定的距离，这样的图形运动叫作图形的平移。平移不改变图形的形状大小。"课标2022年版"第68页这样解读图形平移的基本性质：一个图形和它经过平移所得的图形中，两组对应点的连线平行（或在同一条直线上）且相等。由上可知，沿直线运动并不是平移的充分必要条件，在小学阶段，平移关注方向和距离这两个要素，以及形状不变、位置变化这两个特征。

无锡高等师范学校殷娴教授发表在《教育研究与评论》2009年第10期的《"平移和旋转"的知识背景及教学对策》（中国人民大学书报资料中心《小学数学教与学》2010年第3期全文转载）一文中有一段话，值得我们小学数学教师一读：

从课程目标的价值取向上看，小学阶段并不是学习物理学机械运动中的平移、旋转，而是学习认识图形、处理图形的一种手段，并学习利用这些思维方式进行简单画图和图案设计活动。教学中所说的"平移"和"旋转"，其含义不能与数学中的图形变换知识矛盾，应该保证教学内容的科学性，应把平移和旋转放置在"是一种基本图形变换"的大背景下，既可表示物体（图形）运动的过程，也可表示物体（图形）运动前后的关系，教学中突出把平面图形运动前后的关系作为我们研究的主要对象。在数学变换中，平移都用一个向量表示，若干个平移变换的乘积对应着向量的相加，可用它们的一个和向量来表示。因此就造成一个错觉，认为物体沿着直线运动也是平移的本质属性，这是不够科学的。实际上，无论是以物理的眼光，还是以数学的角度，整体沿着直线运动既不是"平移"的必要条件，也不是"平移"的充分条件。

细读殷娴教授的这篇文章，再联系上下山缆车的运动实例（缆车可看作沿着某个方向平行移动，但它一般不是沿着直线运动，而是沿着曲线运动）思考一下，我们就能很好地了解平移和旋转的知识背景及其教学策略。🔷

有教师在引导学生探索"如果一个图形按 $n:1$ 的比放大，放大后与放大前图形的面积比是 $n^2:1$"这个规律的过程中，除了让学生探索正方形、圆分别按比放大外，还让学生探索三角形、平行四边形按比放大后其面积的变化情况。在探索后者面积变化的过程中，还提醒学生只需关注它们的底和高的比就行，不必关注所有边的长度比。这样说正确吗？

这样说就结果而言，可能没有大问题，但就图形放大和缩小的概念而言是有问题的。我们知道，图形的放大和缩小的特征是保持图形的形状相同，用数学的语言表述就是"相似"。初中数学教材关于"相似形"的概念说得非常明确，"对应边成比例""对应角分别相等"。虽然小学数学教材不给出"相似形"这个概念，但教师教学用书中关于图形的放大和缩小明确指出"要使学生认识到放大或缩小后的图形与原来的图形相比，大小变了，但形状没有改变，放大或缩小前后，两个图形对应边长度的比都相等"。所以，对于三角形和平行四边形，如果仅关注与面积计算有关的底和高的长度，而不关注对应边长度的比都相等或不关注各角分别相等，那么等底等高的三角形或平行四边形有无数个，但图形的形状变了，不是概念上的图形的放大或缩小了，仅是面积相等而已。

严格地说，教师应知道相似形的有关概念，即使是教学小学的有关知识，也应引导学生关注"三角形对应边长度的比都相等；平行四边形对应边长度的比都相等，各个角分别相等"。

　　其实，图形的放大和缩小，就是保持相似。形状相同是相似的直观表述，多边形相似的主要条件是：1.对应边成比例；2.对应角分别相等。只不过对三角形而言，这两个条件是等价的，故只要一个条件就可以了。其余多边形这两个条件一般不等价，当然也有例外，所有的正方形、正多边形和圆都相似。🔺

需不需要强调"在平面内" >>

一次观摩六年级总复习"图形的运动",在整个教学活动中,教师反复强调平移、旋转、轴对称的特点及其用法,但始终没有提到"在平面内"。请问:在小学阶段图形运动的教学中,需不需要强调"在平面内"?

Q

A

我们知道:如果图形中所有的点都在同一平面内,那么这样的图形叫作平面图形;如果图形中的点不全在同一平面内,那么这样的图形叫作立体图形,又称空间图形。显然,小学阶段图形与几何领域的内容中,长方体、正方体、圆柱、圆锥以及第一学段初步认识的球是立体图形,其余均为平面图形,即点在同一平面内的图形。

考虑到小学生的认知特点,小学里图形与几何领域的有关概念基本上都没有确切的定义,均是描述性的,到初中才谈概念、下定义。例如,"三角形"在初中被定义为"由3条不在同一直线上的线段,首尾依次相接组成的图形"(苏科版),而在小学描述为"三条线段首尾相接围成的图形"(苏教版)。

所以,在小学里教学有关图形与几何领域的内容时,不强调"在平面内"是可以理解的(事实上,"平面"这个概念小学生也难理解)。

188 "图形的运动"教学应注意哪些关键词 >>

小学阶段"图形的运动"主要学习哪些内容？教学 "图形的运动"，教师最应注意哪些问题，记住哪几个关 键词？

小学阶段"图形的运动"板块教学主要是让学生认识图 形的平移、旋转和轴对称这三类图形的基本运动，以及在了 解比例尺的过程中，学会利用方格纸按比例将简单的图形放 大或缩小，为初中学习图形的变换做准备。教学中，教师应 注意以下几点。

1. 从现象中抽象出图形的运动。先感知生活中的现象， 再从现象中抽象出图形的运动，是认识图形运动的一般规 律。要让学生经历先正确识别生活中物体的运动现象，在观 察中感知这些物体运动的特点，再用自己的方式表示这些运 动。在此基础上，教师可明确指出这些物体的运动都可以看 作是什么运动。最后还可鼓励学生结合生活经验，说说还在 哪些生活场景中见过这类运动现象，在交流中进一步丰富 感知。从而让学生在用眼观察、用手操作、充分感知的基础 上，抽象出图形的运动，认识图形的运动。

2. 在观察中发现运动的特征。认识图形的运动，主要 是认识图形运动的特征，其中观察、操作、比较、思考是主 要手段。在这一过程中，教师要引导学生发现运动前后图 形的变与不变。图形的平移、旋转和轴对称这三类图形的

第二部分 图形与几何

287

基本运动，不变的是图形的形状、大小，变的是图形的位置。（图形的放大和缩小，不变的是图形的形状，变的是图形的大小）为了在初中阶段让学生进一步认识这三类图形的基本运动，知道运动前后图形中任意两点之间的距离保持不变，夹角也保持不变这一基本性质打下良好的基础。

3. 教学中应注意一些细节。教学平移时，注意有两个要素：方向和距离。确定距离时，点（或线）相对应的点（或线）要找正确。教学旋转时，注意有三个要素：旋转中心、旋转方向和旋转角度。画旋转后的图形时，正确感知旋转前后图形中的边（可先确定与格线重合的一条边的位置）和顶点之间的对应关系是关键。教学轴对称时，对一些概念的理解要精准，如完全重合、轴对称、轴对称图形等；对一些判断题的设计或回答，教师都应做到心中有数。

还有一些教学中的细节也很重要，应予以关注。例如，方格纸上运动前的图形用虚线画，运动后的图形用实线画；画图时，要讲清楚操作的序；要引导学生发现自然界中的对称美，感悟图形有规律变化产生的美，感悟数学的美。

图形的运动和图形的位置有密切的关联。🅰️

189 摆动是旋转现象吗 >>

教学人教版《数学》二年级下册"图形的运动（一）"时，按教材提示，请学生列举生活中的旋转现象，学生提到了秋千、海盗船等。请问：秋千、海盗船的摆动现象符合旋转的定义吗？

Ⓠ

Ⓐ

在回答这个问题之前，我们可先复习一些物理知识。我们处在一个不断运动和变化的世界中，一个物体相对另一个物体位置发生改变的过程叫作机械运动。机械运动的基本形式是平动、转动和振动等。平动，其运动方式是物体上各点的运动是完全相同的，即物体上任意两点的连线在运动过程中始终保持平行。转动，其运动方式是物体上的各点都绕着中心点作圆周运动。数学教材将现实世界里的平动现象抽象成平移，将转动现象抽象成旋转。振动，其运动方式是物体沿直线或弧线并经过某一中心位置来回往复运动。由于物体运动的复杂性，许多物体的运动是由两种或两种以上的运动形式复合而成的，钟摆的运动就是这样一种复合运动——既作圆周运动，又作经过某一中心位置的来回往复运动，因此它既有转动的特点，又有振动的特点。像这种既有转动特点又有振动特点的运动方式称为摆动。学生提到的秋千、海盗船的运动都属于摆动。

其实，秋千、海盗船绕中心点从一高点（P）到另一高点（P'）的圆周运动可看作转动；但下一个运动受多种因素影响，从点 P' 经过某一中心位置向点 P 作回归运动改变了原有的运动方向和趋势，已经不是原来的"圆周运动"了，从本质上说更符合振动的特点。🐢

第三部分

统计与概率

数据分类

190 **"数据分类"教学应注意哪些关键词** >>

现实世界充满数据,对数据进行分类是工作、学习、生活的需要。教学"数据分类",教师应注意哪些问题,记住哪几个关键词?

"数据分类"教学中,教师应注意以下几点。

1. 认识分类——从实物开始。分类的本质是根据信息对事物分门别类地进行整理。根据小学生的认知特点,可以让学生根据已有的生活经验,先对熟悉的物体进行分类,如玩具、食品、学习用品等,从中体会分类的含义和作用。在此基础上,让学生对图形、对已学的数进行分类,进而对数据进行分类。

2. 确定标准——举实例体会。在分类过程中,要让学生在实例中体会每次分类只能依照同一标准,按物体的不同属性进行,分得的结果不能互相包含或交叉(同标准下唯一性)。在分类过程中,还要让学生体会同样的物体可按不同标准进行分类,典型的例子是"课标 2022 年版"第 119 页例 38"逐层分类",让学生在活动中体会:分类要依据分类标准(形状、颜色、扣眼数);同样的物体可按不同的标准进行分类,不同的分类标准下分类的结果可能不同(不同标准下多样性）；分类中所分的事物总数不变。让学生在分类中经历对事物共性的抽象过程，学会简单的分类方法，体会分类结果与分类标准的关系。

3. 描述分类——用多种方法。在分类过程中，教师不仅要为学生创设自主探究、动手操作、合作交流的机会，还要鼓励学生运用不同的方法（语言、文字、图画、表格等）记录并描述分类结果，体会分类的价值，形成数据意识，逐步养成用数据说话的习惯。🔚

数据的收集、整理与表达

191 该不该让学生画图 >>

统计教学中经常需要学生画图（表），既费时又费力。教师在具体教学中该怎么处理？

阅读"课标 2022 年版"中"统计与概率"方面的课程内容，可知第一学段的主要内容是初步了解分类与分类标准的关系；第二学段的主要内容是经历简单的数据收集和整理、描述和分析的过程，通过对数据的简单分析，感受数据蕴含着信息，体会运用数据进行表达与交流的作用，认识条形统计图，会用条形统计图合理表示和分析数据，探索平均数的意义；第三学段的主要内容是经历数据收集、整理和分析的过程，认识折线统计图、扇形统计图，探索百分数的意义。从课程内容和附录有关实例中，能看出画图也是课程内容、教学要求之一。例如，第一学段"鼓励学生运用文字、图画或表格等方式记录并描述分类的结果"；第二学段要求学生"能用条形统计图合理表示数据"；第三学段要求学生"能把数据整理成条形统计图、折线统计图"。当然，在教学中一定要注意学生学习统计主要是为了用统计方法去分析和解决问题，培养学生的数据分析观念，这是教学的重点，不要让画图影响教学重点的突出。事实上，随着电脑的普及，手工绘制统计图表的需要越来越少。

　　教学中，教师可结合实例讲清画图的一般步骤和注意问题，如绘制折线统计图的主要步骤可归结为：1. 收集数据，根据要求定好表头、横轴、纵轴和图例；2. 依次描点、连线、标数据；3. 核对检查制表日期，尽量避免在白纸或一般练习本上画图，应充分利用教材上已提供的基础图（一般已确定了纵轴、横轴并画好了格线）或教材提供的方格纸画图。这样做既突出了绘制的关键环节，又能使学生更加关注统计过程，形成初步的数据意识和应用意识。

"数据的收集、整理与表达"教学应注意哪些关键词 >>

统计和数学在研究问题、研究方法、研究路径和研究结果等方面均有区别。"数据的收集、整理与表达"教学中,应注意哪些问题,记住哪几个关键词?

统计属于不确定性数学,它的要义是通过数据进行推断,一般要经历数据收集,数据整理,数据描述和数据分析、推测、判断、决策等几个阶段。数据收集主要有普查和抽查两种;数据整理一般用表格,以及条形、折线、扇形统计图;数据描述在小学阶段主要有平均数和百分数等统计量。"数据的收集、整理与表达"教学中,主要应关注以下几个关键词。

1. 经历过程。统计教学中一定要让学生经历在具体实例中进行数据收集、整理、描述和分析的过程,注意创设或模拟的情境要真实,切忌让学生光在看、听中学统计,特别要防止统计过程中随意改动数据这种情况的发生。注意收集、整理、描述和分析数据的方法,包括画正字要一一对应。注意计算、核算、验算等细节,要让学生在经历中发现、归纳和悟得。

2. 认识功能。描述数据是小学阶段统计学习的重要内容。教学时有几点应特别注意。(1)识图、读图、画图时要特别提醒学生注意表头、栏目、总计和合计;(2)要让学生在分析实例的过程中知道怎样根据不同的问题选择合适的表达方式（图表）；（3）要让学生知道面对同样的事情，每次收集到的数据可能不同，但只要有足够的数据，就可能从中发现规律；（4）要让学生在比较中知道各种统计图表的功能，折线统计图利于表达数量增减变化的趋势，条形统计图利于直观表达和比较不同类别事物数量的多少，扇形统计图利于表达各部分数量与总数量之间的关系。在此基础上，让学生逐步学会根据结果作出简单的分析、判断和预测。

3. 感受信息。在统计学习过程中，要让学生感受现实生活中充满数据，数据中蕴含着信息，数据信息是说明问题、分析问题、作出决策的依据，体会运用数据进行表达、交流的作用，逐步学会根据实际需要和问题背景收集、整理、描述和分析数据，从而作出推断、预测，逐步感知统计学基于合理性的价值判断准则，形成数据意识，养成用数据说话的习惯。

哪个数据更合适 >>

教学数据统计时,关于平均数、中位数和众数三者的比较在习题中较为常见。例如,一个射击队要从甲、乙两名运动员中选拔一名参加比赛,在选拔赛上两人各打了 10 发子弹,成绩如下:

甲:9.5　10　9.3　9.5　9.6　9.5　9.4　9.5　9.2　9.5

乙:10　9　10　8.3　9.8　9.5　10　9.8　8.7　9.9

你认为谁去参加比赛更合适?为什么?(人教版《数学》五年级下册)

这种开放式答案的内容怎么教学?

平均数、中位数和众数都可以作为一组数据的代表,它们各有自己的特点,能够从不同的角度提供信息。平均数能较好地反映一组数据的总体情况,刻画一组数据的集中趋势;众数是一组数据中出现次数最多的数据,它能反映一组数据的集中情况;中位数的优点是不受偏大或偏小数据的影响,因此有时用它代表全体数据的一般水平。

平均数的计算要用到所有的数据,它能够充分利用数据提供的信息,因此在生活中较为常用,但易受极端值的影响;中位数只需很少的计算,而且不易受极端值的影响;当一组数据中某个或某些数据多次重复出现时,众数往往是人们关心的一个量,众数也不易受极端值的影响。

统计教学的核心价值在于逐步养成学生尊重事实、通过数据分析问题的习惯。在实际应用中，需要根据具体问题，选择适当的量来代表数据整体，进而分析数据，作出选择、推断和决策。

上面两组数据，甲的平均数、中位数和众数都是 9.5，乙的平均数是 9.5，中位数是 9.8，众数是 10。教练从稳定性方面考虑，可能让甲参加；从可能超水平发挥方面考虑，可能让乙参加。至于哪个数据更合适，以及怎样评价学生的回答，只要学生说清楚理由就行。🔷

194

教学平均数，有必要讲它的一些特性吗 >>

教学平均数，很多教师会在课上讲平均数的一些特性。例如，平均数可以较好地描述或反映一组数据的整体情况和集中趋势；平均数是一组数据中最大数和最小数之间的数；变动这组数据中的任何一个数，平均数就会发生变化（易变性）；平均数小，并不代表这组数据中每个数据都小，平均数大，也并不代表这组数据中每个数据都大；当一组数据中出现极端数据时，平均数可能无法较好地反映它的总体情况；等等。课上有必要讲这些吗？教材中大多没有。

传统教材中，平均数是小学数学三类典型应用题（平均，归一，行程）中的第一类。教学时，除了让学生通过实例知道"把几个不相等的数在总和不变的条件下，通过移多补少使它们相等，得到的数就是平均数"，主要是让学生掌握求平均数的数量关系和计算方法（总数量 ÷ 总份数 = 平均数）。教学重点放在计算平均数上是传统教材的主要特点，所以教材例题、习题大多是指导学生理解求平均数的数量关系式，变式也主要是练习在改变总数或总份数的情况下，怎样正确地求出平均数。

课改后，平均数作为"统计与概率"领域中一个重要的统计量，出现在课标和教材中。教学目标除了计算平均数外，主要是理解平均数的意义，体会平均数的作用，能用自己的语言解释平均数的实际意义，能解决简单的实际问题。所以，在教学实践中，教师基本形成的共识是帮助学生理解两个需要。一是引入求平均数是实际的需要。探索平均数的意义，知道平均数可以刻画一组数据的整体情况和集中趋势，理解平均数所具有的代表性。二是用计算的方法求平均数也是实际的需要。平均数是介于最大数和最小数之间的数，既可以用移多补少的方法求平均数，也可以用计算的方法求平均数。移多补少的方法直观易理解，但有局限性；计算的方法具有一般性、简捷性。在课堂上结合实例，用学生能理解的方式讲一些有关平均数的特性是可以的；从培养学生统计意识，形成数据意识的角度讲，也是必需的。

平均数是统计教学中的核心内容之一，现如今是大数据时代，从培养学生的数据意识、应用意识的角度来讲，教学平均数时应该讲点平均数的特性。㊙

怎样教条形统计图的构成 >>

沪教版《数学》二年级上册"条形统计图（一）"一课，要求学生经历数据的收集、分类计数、数据呈现等统计过程，初步认识简单条形统计图，并能在格子纸上画出简单的条形统计图。对于二年级的学生，标题、纵轴、横轴、单位、项目等组成部分的名称，教学中是否需要涉及，怎样教？

Q

A

"课标2011年版"第一学段统计与概率课程内容要求有3条（见第19页），重点是感受分类与分类标准的关系，收集和整理数据，呈现数据整理的结果，感受数据蕴含信息。"课标2022年版"将条形统计图的学习移至第二学段（3~4年级），要求认识条形统计图，会用条形统计图合理表示和分析数据。在教学中不可避免地会涉及标题、纵轴、横轴、单位、项目等组成部分的名称。教师可根据班级学生的实际情况把握教学分寸，应结合实例认识"简单的"而非"复杂的"条形统计图，是"认图为主"而非"画图为主"。

第三部分 统计与概率

存款中的数学问题 >>

　　人教版《数学》六年级下册"生活与百分数"一课中，活动 4 创设了一个设计存款方案的实践活动（下图）。这个问题中涉及较多的金融知识和概念，对小学生来说比较陌生。教师如何讲解这类问题呢？

王奶奶把 5000 元按整存整取存入银行，存二年定期，年利率为 2.10%。到期时连本带息取出，王奶奶可以取出多少钱？

　　活动 4 的目的在于让学生通过调查、比较、分析、计算等方式解决问题（注意，不要局限于计算），并在此过程中体会百分数与实际生活的联系。

　　该活动主要有两个教学难点，一是小学生的金融知识比较匮乏，对于本金、利率、收益等金融概念不熟悉，教学中可以从普通储蓄存款开始，借助表格中的数据进行讲解，帮助学生厘清银行计息的基本算法，慎选零存整取等收益较低的理财方式；二是除教育储蓄存款，其他储蓄的存期多为一年、三年、五年等，存款六年可产生多种存期组合方式，教师应注意学生思路的有序性和完整性。

197 "折扣"的写法 >>

教学"折扣"问题时，学生收集到的折扣信息五花八门，如"畅销图书打 8.8 折""衬衫 6.8 折""皮鞋八五折"等。请问：折扣数字究竟是用中文数字还是阿拉伯数字，是否要统一？新课程强调生活数学，生活数学等同于课堂数学吗？

折扣是商业用语，商店有时降价出售商品，叫打折销售。"几折"就表示原价的十分之几，如八折就是原价的十分之八；"几几折"就表示原价的百分之几十几，如八五折就是原价的百分之八十五。

一般来讲，折扣数字应用中文来书写（包括成数）。所以，教材中的折扣数字都是用中文书写的，教学时应以教材为准。商店里、报纸上出现的如"畅销图书打 8.8 折"显然是不规范的。学生据此会产生是"原价的百分之八十八"还是"原价的百分之八点八"的疑问。当然，如遇上述情况，教师也可结合实例作适当的解释。

口算题中的百分比 >>

以下是关于百分数的口算题：

20% + 60% = _____

1 − 40% = _____

学生 1 答：80%，60%。

学生 2 答：0.8，0.6。

哪种回答更好？

Q

A

按题意，学生 1 的回答是正确的。

如果要求结果把百分数化成小数，那么学生 2 的回答是正确的。

关于百分数的疑惑 >>

$x - 20\% = 240$（学生自创题），这样的方程能解吗？换言之，百分数能进行如 $20\% + 240$、$25 - 30\%$ 的加减计算吗？

在进行百分数与分数的区分教学时，曾强调过：百分数只能表示两个量之间的关系（分率），不能表示一个数（量），所以不可以加单位。作业中有关百分数的乘除法运算，从分率的角度可以理解，但加减法却很少见。百分数是不是一个数？能否参与上述计算？

有关百分数实际问题的计算中，除了乘除计算外，还会遇到如 "$1 \pm 20\%$" "$20\% \pm \frac{1}{5}$" 等计算。因为形如 "$a\%$" 的百分数表示两个数量之间的比或比值，所以一般不会出现计算，如 $20\% + 240$、$25 - 30\%$ 或解 $x - 20\% = 240$ 这样的方程。如果学生中出现上述计算，教师除了联系百分数的意义作些说明，只能视作单纯的数值计算题进行计算了。

百分数作为统计与概率领域的教学内容后，能在真实情境中理解百分数的统计意义，解决与百分数有关的简单问题，能在认识及应用统计图表和百分数的过程中形成数据意识，发展应用意识是主要的学业要求。百分数的教学，主要应引导学生知道百分数是两个数量倍数关系的表达，它既可以表达确定数据，也可以表达随机数据。百分数不再是单纯传统数学意义上的计算方法，一般不会出现上述情况。

关于百分数的争议 >>

> "百分数可以看作分母是 100 的分数，可以直接写成小数。"这样说正确吗？如果正确，怎么理解如 12.5% 这样的百分数？

Q

现行教材中，表示一个数是另一个数（或一个量是另一个同类量）的百分之几的数叫作百分数。百分数又叫作百分比或百分率。

百分数可以看作分母是 100 的分数。不过，根据使用习惯，它的分子不但可以是整数，也可以是小数。20 世纪50 年代，有些算术教材曾将百分数定义为分母是 100 的分数。这样定义的目的是建立百分数与分数的联系，使关于分数的运算适用于百分数。定义本身虽没有错，但没有突出百分数用来表示两个数（或两个同类量）的倍数关系这一专门用途。

百分数与分数的区别在于：1. 意义不同。百分数是表示一个数是另一个数的百分之几的数，它只表示两个数之间的倍数关系，不能表示某一个具体的数量；分数是把单位"1"平均分成若干份，表示这样的一份或几份的数，它不仅可以表示两数之间的倍数关系，还可以表示具体的数量。2. 书写形式不同。百分数通常不写成分数形式，而采用百分号"%"来表示，由于百分数的分母固定为 100，因此不论百分数的分子、分母之间有多少个公约数，都不约分；百分数的分子可以是自然数，也可以是小数，而分数的分子只能是自然数。3.应用范围不同。百分数在生产、科研、工作和生活中常用于调查、统计分析，分数则常在测量、计算中得不到整数结果时使用。🔺

随机现象发生的可能性

"随机现象发生的可能性"教学应注意哪些关键词 >>

"随机现象发生的可能性"在小学阶段虽然教学的内容不多,课时也少,但教学要求不低。教学中教师应注意哪些问题,记住哪几个关键词? Q

"随机现象发生的可能性"教学中,教师应注意以下几点。

1. 感受随机现象。通过实例感受简单的随机现象是教学这一内容的第一个目标要求。教学时,教师应让学生通过分析自然界、生活情境中的现象或进行摸球游戏等活动,感受现实世界中随机现象普遍存在,有些事件发生与否是确定的,即要么一定发生,要么不可能发生,这样的事件叫作确定事件,常用的表达词是"一定""不可能";有些事件发生与否是不确定的,即可能发生也可能不发生,这样的事件叫作不确定事件,不确定事件存在两种及以上的结果,常用的表达词是"可能"。让学生自己联系实际,举例说明随机现象,是检验学生真正感受与否的好办法。

2. 感知基本特征。在感受随机现象的基础上,教师要引导学生在相关活动中列出随机现象所有可能发生的结果,感受这些结果发生可能性的大小,并逐步学会判断可能性的大小，从而引导学生发现随机现象的基本特征——事件可能发生也可能不发生，可能以这样的程度也可能以那样的程度发生，从而感知许多随机现象发生的可能性大小是可以预测的。

3. 感悟两种意识。小学阶段教学随机现象发生的可能性，除了引导学生感受随机现象和感知随机现象的基本特征外，还应该让学生在活动中初步形成数据意识和应用意识。例如，有的教师通过有放回的摸球游戏让学生感悟数据的随机性，并理解：在球的颜色不止一种的前提下，摸球之前不可能知道摸的结果，前一次摸的结果不影响后一次摸的结果；如果口袋里有两种颜色的球且数量相等，那么只要不停地摸下去，摸到两种球的次数会非常接近，可能性将趋于相等；即使口袋中只有一个红球，其余全部是白球（如100个，1000个……），只要不停地摸下去，终将会摸到红球；利用数据提供的信息，可以对随机现象发生的可能性大小作出定性描述，并发现随机现象中蕴含的规律，从而作出相关的判断和推导。在这样的活动过程中，学生的数据意识和应用意识将逐步得到发展。✿

第四部分
综合与实践

人民币的简单计算中，遇到"一块橡皮8角钱，付出1元，找回多少钱"的解决问题，算式怎样列？教师中有两种意见：1元＝10角，10－8＝2（角）；1元－8角＝2角。哪种正确？

Q

算术中名数加减法的计算，一般方法是：同名数相加减时，把量数相加减，单位名称不变；同类的异名数相加减时，先化为同名数，再加减。1元、8角属于同类的异名数，因此应根据上述要求，先化为同名数，再加减。当然，在口算中会碰到"1元－8角＝（　　）""1元2角－1元＝（　　）""1元1角－9角＝（　　）"等题目，口述答案或学生在等号后直接写上"1元－8角＝2角"也不能算错。

第四部分　综合与实践

　　　在负数的教学中，教材规定 - 5 摄氏度表示零下 5 摄氏度，读作"负 5 摄氏度"。而在生活中，我们把零度以下的温度读作零下摄氏度。哪种读法更规范？面对教材与生活中的不一致，教师在教学中应怎样处理？

　　　教材中" - 5℃"读作"负 5 摄氏度"，生活中读作"零下 5 摄氏度"。生活语言和数学语言不一致的实例有许多，因为小学数学大多是生活实例的抽象。生活中"支出 5 元"，数学中一般称"减去 5 元"；生活中"收入 5 元"，数学中一般称"加上 5 元"。虽然它们的使用场景不同，从而表征方式（读法）不同，但在这里表达的意义是一致的，且在特定的场景中都是规范的，教师结合实例说清楚即可。当然，在数学教学中应要求学生按照教材，使用数学语言进行表达。

204 是"计时法"还是"记时法" >>

关于苏教版《数学》三年级下册"24 时记时法",查询资料有时会看到"24 时计时法",这两种表述是否可以通用?

Q

简单地说:"计",计算,"计数"就是"数数","计时"就是计算时间;"记",记录,"记数"就是"写数","记时"就是记录时间。"24 时记时法"这个内容里既有"计算"又有"记录"的含义和要求,所以查询资料时会看到"24 时计时法"和"24 时记时法"两种写法,包括原《小学数学教学大纲》中曾用过"24 时记时法",也用过"24 时计时法"。

《全日制义务教育数学课程标准(实验稿)》、"课标2011 年版"以及"课标 2022 年版"中均用"24 时记时法"。所以,苏教版小学数学教材用"24 时记时法"是符合课程标准要求的。

205 几时几分可以这样读写吗 >>

苏教版《数学》二年级下册第 12 页"想想做做"第 1 题第 4 小题：说出每个钟面上的时间，并写下来。学生中出现如下几个答案：

6 时 5 分　　6 时 05 分　　六时零五分
　6：05　　　 06：05　　　　6：5

这些答案正确吗？

____时____分

____：____

A

史宁中教授在第十九届全国新世纪小学数学课程与教学系列研讨会报告中曾举过这样一个例子：读数最关键的两件事，一个是十进制，得知道数字 0～9，然后知道数位，也就是计数单位，那么怎么读呢？用这个数字加这个计数单位就完了，2002 读作两千○百○十二个，你就读嘛，不嫌麻烦就这么读，嫌麻烦你就读二千零二。

读钟面上的时间，道理其实是一样的，数字加上计数单位就行。根据这个意见，可以判定学生中出现的上述三个答案都是可以接受的，因为从答案第一行就可以清楚地看出学生掌握了看钟面时间的方法，能正确读出钟面上所表示的时刻。

当然，教学时教师应讲明时间书写的方法和要求：如果按照教材例 4 的写法，那么学生中第一种简写方法规范；如果讲明书写时间用四位数字组成的纯数字型数据表示时、分（表示时、分、秒可用六位数字），那么学生中第二种写法符合要求。

206 "时"和"小时"有什么不同 >>

"时"和"小时"有什么不同？怎样使用"时"和"小时"？例如，求 7 时 20 分到 11 时 50 分经过了多长时间，应该怎样列式书写？

通常"时"指某一确定的时刻，生活中也常叫作"点"。例如，小学生上午 8 时（点）到校上课，从甲地到乙地的高铁上午 8 时 28 分开出。"小时"一般表示某一段经过的时间的长短。生活中也常用"几个钟头"来表达。根据国家关于"量和单位"的规定，教材中将时间的单位统一为时、分、秒，只是在叙述时间段时偶尔用到小时、分钟。例如，小学生一天在校时间约 6 小时（6 个钟头），从甲地到乙地乘高铁大约需要 6 小时 10 分钟。

复名数的计算可列成如下算式：

11 时 50 分 − 7 时 20 分 = 4 时 30 分

$$
\begin{array}{r}
11\text{时}50\text{分} \\
-\quad 7\text{时}20\text{分} \\
\hline
4\text{时}30\text{分}
\end{array}
$$

当然，也可以时归时、分归分，化成单名数进行计算。

第四部分 综合与实践

319

二年级练习册中有一题：今天是星期五，再经过 29 天是星期几？

怎样理解"再过几天"和"每隔几天"？

Q

A

可以先看一个简单的问题：今天是星期五，再过 8 天是星期几？在线段图（图 1）上能清楚地看出：

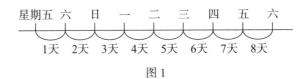

图 1

当然，也能找到解答方法：$8 \div 7 = 1 \cdots\cdots 1$，所以应该是星期六。

因此，今天是星期五，再过 29 天，$29 \div 7 = 4 \cdots\cdots 1$，应该是星期六。

理解"每隔几天"也可以借助线段图（图 2、图 3）。

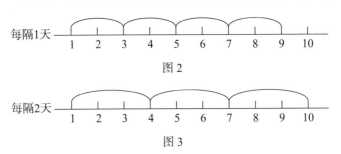

图 2

图 3

208 求经过时间的列式问题 >>

在求经过时间的时候,老师们有些争议。例如,求 7:40 到 12:50 经过了多少时间,一方认为可以写成 12:50 − 7:40 = 5:10;另一方认为,这样写虽然省时省事,但是 12:50 与 7:40 均表示时刻,两个时刻不能相减,所以这么做不合适,应该写成:12 时 50 分 − 7 时 40 分 = 5 时 10 分。请问:哪种列式是正确的?

根据题意,列式应该是 12 时 50 分 − 7 时 40 分,属于复名数计算。可以化成单名数计算:12 时 50 分 = 770 分,7 时 40 分 = 460 分,770 分 − 460 分 = 310 分,310 分 = 5 时 10 分。也可以用竖式计算:

$$\begin{array}{r} 12\text{时}50\text{分} \\ -\quad 7\text{时}40\text{分} \\ \hline 5\text{时}10\text{分} \end{array}$$

写成电子计时法的形式 12:50 − 7:40 = 5:10,只要不引起歧义也是可以的,只要注意相同计数单位上的数才能直接相加减即可,因为计算的目的是得到正确的结果,步骤和格式一般只要达到简化、程序化和大众化的要求。

第四部分 综合与实践

认识"年、月、日"重在记忆吗 >>

有些教师认为，认识"年、月、日"只要让学生记住：1年有12个月，是365天或366天；大月包括1、3、5、7、8、10、12月，每月有31天；小月包括4、6、9、11月，每月有30天；2月为特殊月，有28天或29天。这样做达到教学目标了吗？

Q

认识"年、月、日"的教学，除了帮助学生记住以上知识，根据老师们的经验，还应注重以下几点。

1. 联系实际。因为年、月、日常见，学生在生活中已接触过，所以教学时应联系实际，让学生用数学的眼光观察年、月、日。当然，数学课也不能上成常识课。

2. 自主发现。对于年、月、日及大小月之间的关系，学生有一定的生活基础，应让学生通过观察年历，在小组合作交流中自主发现，并在此基础上通过各种方法，如左拳法、儿歌法和练习，来加深理解、记忆。

3. 思维提升。关于一年有多少天的计算，应视作对该部分知识的应用和思维提升的有效手段。先让学生根据大小月的天数自主计算，再展示对比学生中不同的计算方法，从而让学生发现：逐月累加法虽然思维要求低，但计算烦琐；乘加法能使计算简化，帮助思维提升；假设法，即假设每个月均为30天，然后通过加、减算出一年天数的方法，对思维的要求较高，但计算简单，从而让学生感受到"求简"

是数学的基本思想之一。

4. 思品教育。在"年、月、日"的教学中，要结合重要的节日进行思品教育，让学生感受传统文化，初步培养家国情怀。

5. 形成结构。年、月、日一般是在学生认识了时、分、秒后教学的，所以认识年、月、日后应带领学生将时间单位的知识进行归纳小结，形成结构。时间单位之间的关系受时空和人为等因素影响，是复杂的计量单位，有的教师板书成下图：

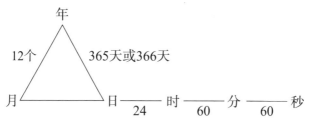

大月 31 天：1、3、5、7、8、10、12

小月 30 天：4、6、9、11

2 月是特殊月：28 天或 29 天

老师们可作参考。

怎样表达"凌晨3点" >>

教学"24时记时法"时表达"凌晨3点"，师生中出现"3时""凌晨3时""今日3时""今晨3时""早上3时""晚上3时""昨晚3时"等多种表达方式，可以吗？

A

据《咬文嚼字》杂志介绍，计时方式可细分为标准性计时法、民俗性计时法和日常生活中采用的普通性计时法三种。

标准性计时法是国际通用或国家规定设立的计时方式。世界通行的公历纪年、纪月、纪日、纪时，我国农历采用的干支纪年、十二时辰等，都是标准性计时。标准性计时法提供计时标准，使人们可以有时间标准，有计划地从事社会活动。所以，广播、电视、机场、车站、邮局等一般都采用标准性计时法。

民俗性计时法是由民众规约的，一般是以日出、日落等天象为参照而设定。例如，白天是从日出到日落的时间，黑夜是从日落到日出的时间，上午是从日出到日中的时间，下午是从日中到日落的时间。民俗性计时法还考虑人的作息习惯，一般把日出前后起床作为新的一天的开始，把日落之后入睡作为旧的一天的结束。这样起床前的时间都是"昨天"，起床后就是"今天"。民俗性计时法常常会用到白天、黑夜、上午、下午、凌晨、早晨、傍晚、黄昏、晚上等词。民俗性计时法具有经济性特征，计时是模糊的，它表达的是一段模糊的时间,但可以有效地反映事件发生的时间背景。

日常生活中常采用的普通性计时法,其实是前面两种计时方式的综合,如上午 9 时、下午 3 时、晚上 8 时等。

小学数学教材中介绍的"24 时记时法"是标准性计时法;"12 时记时法"其实是标准性计时法和民俗性计时法的合用,属于普通性计时法,它既有钟面上时针走到几时就记几时的标准性计时,又有民俗性计时法中的"上午""下午""晚上"等限制词。

因为没有设定要求,所以上面提到的多种表达方式应该都可以。◪

质量单位"千克"有没有新的定义 >>

现行数学教材教师教学用书中,关于质量单位"千克"的介绍大多为:以用铂铱合金制成的底面直径为39mm,高为39mm的圆柱体作为国际千克原器,以它为基准代表1千克的质量。"千克"有没有新的定义?

Q

A

关于质量单位"千克",18世纪定为:1立方分米纯水在最大密度(温度约为4℃)时的质量为1千克。19世纪定为:以用铂铱合金制成的底面直径和高均为39mm的圆柱体作为国际千克原器,以它为基准代表1千克的质量。20世纪以来,随着量子技术的发展,人类对自然界的基本物理量或常数的测量准确度极大提高,如光速、普朗克常数等,而且还发现这些常数比实物更加稳定,不会发生变化。科学界一直希望建立一个不依赖于物理实物的测量体系,他们将计量单位与物理常数联系起来,以量子物理为基础的自然基准取代实物基准。2019年5月20日是一年一度的世界计量日。这一天,时间单位"秒"、长度单位"米"、质量单位"千克"、热力学温度单位"开尔文"、电流单位"安培"、发光强度单位"坎德拉"和物质的量单位"摩尔"等七个国际基本计量单位中的质量单位"千克"最后一个退出基于实物(国际千克原器)为基准的定义,迎来了新的量子化定义,这是2018年11月16日第26届国际计量大会通过的决议。"千克"的新定义根据质量与能量的关系来确定,以量子力学中用于计算光子能量的普朗克常数作为新标准。自此，国际单位制的七个基本计量单位全部实现量子化定义，实物基准被自然常数取代。

时间单位"秒"，1967 年率先完成量子化变革，以铯－133 原子超精细能级跃迁频率来定义秒：铯－133 原子"振动"9192631770 次的时间周期为 1 秒。重新定义后的秒，比以前的测量精度提升了上千万倍。

长度单位"米"，1983 年第 17 届国际计量大会定义为：在真空中，光在 $\dfrac{1}{299792458}$ 秒（接近三亿分之一秒）的时间间隔内运行距离的长度。作为实物基准的米尺被光速这样的自然常数取代。"米"以光速定义后，测量精度提高了万倍以上，实现了从原子尺度到宇宙尺度的全范围、高准确测量。

用自然常数定义计量单位，能更好地适应下一代科学发展的需要。🔹

2023 年 3 月是我从事小学数学教研工作 50 周年。

回顾 50 年教研工作，除了热爱、责任这两个关键词外，学习应该是我最常用的词汇。毫不夸张地说，上海教育出版社《小学数学教师》期刊是我学习的导师、工作的参谋，历任编辑陈和、宋淑持、周正魁、韩希塘、华忠明先生和现任编辑蒋徐巍、曲春蕊等为我提供了不少学习的机会和资料，都是我的老师。我的第一篇关于小学数学教学的文章《一道习题的启发》发表在 1979 年《小学数学教师》(丛刊) 第 4 期上。我和我的同事合作编写当时在国内颇具影响的《小学数学习题》一书，1979 年底由上海教育出版社出版，1984 年修订再版，1989 年再次修订后出第三版。上海教育出版社《小学数学教师》期刊是我学习离不开的宝库。

回顾 50 年教研工作，记得刚做教研员时，领导布置工作时说：教研员的主要任务是教材、教法研究，指导教师提高课堂教学质量。现如今，教研员从教材研究发展到课程、教材研究，从教法研究发展到学法、教法研究，从教研发展到教研、科研。这是时代发展给教研员提出的新要求、新任务、新目标。

回顾50年教研工作，我认为，教研员除了要记住热爱、责任、学习这三个关键词，不断提升自己的专业素养外，还要记住思考、引领、指导这三个关键词。教研员要常思考，怎样把教育教学理论、国家政策要求结合实际落实到教师的日常教学中去，思考怎样培养更多的优秀教师，把更多的好的经验在更大范围内分享推广；当前，教研员要引领教师学习新课标，关注核心素养的落实，引领教师整体关注知识结构和本质，指导教师掌握课标新理念、教学新建议的精神，并将这些新理念、新建议转化落地为有效的教学策略和实践路径。数字化、智慧型教育时代已经到来，教研员还将肩负起更多的责任。

回顾50年教研工作，和教师同在一线是教研员最接地气的工作。教研员要让更多的教师做到章建跃先生提倡的"三个理解"，即理解数学、理解学生、理解教学；做到吴正宪老师提倡的"三个读懂"，即读懂教材、读懂课堂、读懂学生；做到曹培英老师提倡的"两个吃透"，即吃透教材、吃透学生。要随时随地释教师教学之疑，解教师教学之难，答教师教学之问，今天是这样，明天、后天也该是这样。即使是教研工作逐渐向标准化、专业化、规范化和数字化转变的时代，这仍是提高教研教学质量的根本，也是一线教师最欢迎的工作。

人生步入老年，奔八十的我之所以还常到学校走走，真的是出于热爱和兴趣，把听课、评课、和教师交流看作许多老年人上午的唱歌、跳舞，下午的聊天、下棋，主要

后记

目的是养心、健身而已。

照理，书的后记要感谢出版社编辑，感谢我的领导、同事，感谢提供帮助的所有人，还要感谢家人的支持，等等，这些我都放在心里了，因为我最想感谢的是"问讯处"栏目里提出既使人深思，又使人豁然开朗的好问题的每一位一线教师和广大读者，谢谢你们使"问讯处"栏目受欢迎。

2023年3月

图书在版编目（CIP）数据

小学数学教学疑难答问 / 凌国伟著. — 上海：上海教育出版社，2023.9
ISBN 978-7-5720-2268-5

Ⅰ.①小… Ⅱ.①凌… Ⅲ.①小学数学课–教学研究 Ⅳ.①G623.502

中国国家版本馆CIP数据核字(2023)第167898号

责任编辑　曲春蕊
封面设计　金一哲

小学数学教学疑难答问
凌国伟　著

出版发行　上海教育出版社有限公司
官　　网　www.seph.com.cn
地　　址　上海市闵行区号景路159弄C座
邮　　编　201101
印　　刷　上海普顺印刷包装有限公司
开　　本　890×1240　1/32　印张11　插页1
字　　数　270千字
版　　次　2023年9月第1版
印　　次　2023年9月第1次印刷
书　　号　ISBN 978-7-5720-2268-5/G·2016
定　　价　49.80元

如发现质量问题，读者可向本社调换　电话：021-64373213